Hoe uw bedrijf bloeit tijdens een recessie.

HOE UW BEDRIJF BLOEIT TIJDENS EEN RECESSIE

Door: D.K. Hawkins
Versie 1.1 ~oktober 2022
Gepubliceerd door D.K. Hawkins bij KDP
Copyright ©2022 door D.K. Hawkins. Alle rechten voorbehouden.

Niets uit deze uitgave mag worden verveelvoudigd, verspreid of overgedragen in enige vorm of op enige wijze, waaronder fotokopieën, opnamen of andere elektronische of mechanische methoden of via enig informatieopslag- of gegevenszoeksysteem, zonder voorafgaande schriftelijke toestemming van de uitgevers, behalve in het geval van zeer korte citaten in kritische recensies en bepaald ander niet-commercieel gebruik dat door de auteurswet is toegestaan.

Alle rechten voorbehouden, inclusief het recht op gehele of gedeeltelijke reproductie in welke vorm dan ook.

Alle informatie in dit boek is zorgvuldig onderzocht en gecontroleerd op feitelijke juistheid. De auteur en uitgever geven echter geen garantie, expliciet of impliciet, dat de informatie in dit boek geschikt is voor elk individu, situatie of doel en aanvaarden geen verantwoordelijkheid voor fouten of weglatingen.

De lezer aanvaardt het risico en de volledige verantwoordelijkheid voor alle handelingen. De auteur is niet verantwoordelijk voor enig verlies of schade, hetzij gevolgschade, incidenteel, speciaal of anderszins, die kan voortvloeien uit de informatie in dit boek.

Alle afbeeldingen zijn vrij te gebruiken of gekocht van stockfotosites of vrij van royalty's voor commercieel gebruik. Ik heb me voor dit boek gebaseerd op mijn eigen waarnemingen en op vele verschillende bronnen, en ik heb mijn best gedaan om de feiten te controleren en de eer te geven waar die toekomt. In het geval dat materiaal is gebruikt zonder de juiste toestemming, neem dan contact met mij op zodat de vergissing kan worden gecorrigeerd.

De informatie in dit boek dient uitsluitend ter informatie en is niet bedoeld als bron van advies of kredietanalyse met betrekking tot het gepresenteerde materiaal. De informatie en/of documenten in dit boek vormen geen juridisch of financieel advies en mogen nooit worden gebruikt zonder eerst een financiële professional te raadplegen om te bepalen wat het beste is voor uw individuele behoeften.

De uitgever en de auteur geven geen enkele garantie of andere belofte met betrekking tot de resultaten die kunnen worden verkregen door het gebruik van de inhoud van dit boek. U mag nooit een investeringsbeslissing nemen zonder eerst uw eigen financieel adviseur te raadplegen en uw eigen onderzoek en due diligence uit te voeren. Voor zover wettelijk toegestaan wijzen de uitgever en de auteur alle aansprakelijkheid af in het geval dat informatie, commentaar, analyse, meningen, adviezen en/of aanbevelingen in dit boek onnauwkeurig, onvolledig of onbetrouwbaar blijken te zijn of resulteren in beleggings- of andere verliezen.

De inhoud van dit boek is niet bedoeld als en vormt geen juridisch advies of beleggingsadvies, en er wordt geen advocaat-cliënt relatie gevormd. De uitgever en de auteur verstrekken dit boek en de inhoud ervan op een "as is" basis. Uw gebruik van de informatie in dit boek is op eigen risico.

Inhoudsopgave.

Inhoudsopgave..3

Inleiding..5

Hoofdstuk 1: Hoe behoud je een sterk bedrijf tijdens een recessive..9

Hoofdstuk 2: Uw waardepropositie bepalen tijdens een recessie..17

Hoofdstuk 3: Bewezen methoden om te gedijen in een recessie..24

Hoofdstuk 4: Strategieën om uw bedrijf door de storm van de recessie te loodsen...........................32

Hoofdstuk 5: Manieren om het momentum te veranderen..45

Hoofdstuk 6: Verlaag de kosten en verhoog de winst tijdens een recessie door uw bedrijf online te brengen..52

Hoofdstuk 7: Controle nemen over uw bedrijf in onzekere tijden..57

Hoofdstuk 8: Hoe reclame uw winst kan verhogen tijdens een recessie..67

Hoofdstuk 9: Hoe uw inkomen via netwerkmarketing verhogen, zelfs tijdens een recessie..73

Hoofdstuk 10: Teleseminars gebruiken om uw bedrijf tegen recessive te beschermen...................................77

Hoofdstuk 11: Marketingstrategieën die u in een recessie kunt toepassen...80

Hoofdstuk 12: Verplichtingen omzetten in activa....91

Hoofdstuk 13: Tegenstrijdige verkooprichtlijnen tijdens een recessie..95

Hoofdstuk 14: Hoe location-based marketing uw bedrijf kan helpen de recessive te overleven.............98

Hoofdstuk 15: Evalueer uw marketingstrategie tijdens een recessie..101

Hoofdstuk 16: Verbeter de waarde van uw baan tijdens een recessie..104

Hoofdstuk 17: Gebruik de kracht van SEO diensten..107

Hoofdstuk 18: Alternatieven voor snijden en terugtrekken tijdens deze aanhoudende recessie....111

Conclusie..117

Inleiding.

Tijdens een recessie moet u als ondernemer waakzaam zijn. U kunt het beste letten op signalen als inkrimping van bedrijven, toename van de werkloosheid, toename van het aantal gedwongen verkopen en dalende vastgoedwaarden.

Op hetzelfde moment hoort u berichten over een instorting van de aandelenmarkt en het omvallen van grote financiële instellingen en verzekeringsmaatschappijen. Al deze factoren dragen bij aan de financiële crisis.

In tegenstelling tot wat de media ons willen doen geloven, is onze geldvoorraad niet uitgeput, en lijden de meeste mensen niet financieel. Velen zien de recessie misschien als een moment van economische somberheid dat hen weinig of geen mogelijkheden biedt om hun financiële status te verbeteren. Zij zien deze omstandigheden met pessimisme en wanhoop tegemoet.

Ondanks het wijdverbreide pessimisme zien anderen het toch als een redelijk moment. Voor optimisten betekent een recessie dat onroerend goed en de meeste fysieke zaken tegen bodemprijzen worden verkocht. Het moment om te kopen is nu, nu de prijzen nog laag zijn. Zodra de economie zich herstelt, zal de waarde van deze goederen stijgen, waardoor deze beleggers ze met aanzienlijke winst kunnen doorverkopen.

Het is essentieel voor ondernemers om een fundamenteel begrip van economie te hebben. Zij moeten begrijpen dat ons geld niet echt verdwenen is, maar dat het voorzichtig is verschoven van individuen die in goede tijden te veel hebben uitgegeven naar slimme marketeers die in deze moeilijke tijden floreren.

Om de geldstromen beter te begrijpen, kunnen we één soort consument "reactieve personen" noemen. Deze mensen gaven hun geld uit toen de economie gezond was. Nu verkeren zij in een toestand van financiële wanhoop en vertwijfeling en verwachten slechts een verbetering. Bijgevolg zijn zij geneigd af te zien van investeringskansen in deze moeilijke tijden. Zij zijn zich niet bewust van de oorzaken van de financiële crisis.

De tweede groep bestaat uit proactieve personen. Deze slimme marketeers anticiperen op kansen, herkennen ze en grijpen ze zonder aarzelen aan. Eigenaars van een thuisbedrijf leren hun bedrijf efficiënt te verkopen en te promoten op het internet, waardoor ze zelfs tijdens economische recessies een aanzienlijk inkomen kunnen verdienen.

Als u een bedrijfseigenaar bent en uw kaarten goed speelt, hoeft de recessie voor u geen tijd van financiële problemen te zijn. Ook u kunt proactief worden door een paar eenvoudige stappen te volgen: Focus op overvloed in plaats van gebrek.

Gebruik direct response marketing wanneer mensen op zoek zijn naar mogelijkheden. Leer hoe u uw diensten of producten effectief kunt promoten, en u zult klanten aantrekken die waarde voor hun geld zoeken. Wanneer mogelijk, profiteer van reclame besparingen.

Niet alleen marketingtechnieken zijn essentieel voor een bescheiden bedrijf aan huis, maar ook inzicht in de oorzaken van financiële crises. Constante kennis van de economie kan u helpen bij het nemen van de meest winstgevende bedrijfsbeslissingen.

Hoofdstuk 1: Hoe behoud je een sterk bedrijf tijdens een recessive.

Of een bedrijf nu groot of klein is, het is duidelijk dat recessies stressvol kunnen zijn. Ze kunnen ook een gouden kans zijn voor u, als ondernemer, om uw bedrijf te beoordelen en te versterken.

Ten eerste, communiceer.

Hoewel u voortdurend moet streven naar goede communicatie in uw organisatie, is het essentieel om effectief te communiceren tijdens moeilijke omstandigheden. U moet effectief communiceren met uw personeel, managers, leidinggevenden en andere bedrijfseigenaren.

U moet ervoor zorgen dat iedereen op één lijn zit, vooral als er onmiddellijk drastische maatregelen moeten worden genomen. U moet uw personeel op de hoogte houden van wat er binnen de organisatie gebeurt. Als dingen slecht gaan, informeer hen dan. Als er dan actie wordt ondernomen, zullen ze niet geheel verrast zijn.

Als u werknemers moet ontslaan, doe dat dan maar één keer.

Dit is misschien wel een van de moeilijkste taken voor een bedrijfseigenaar of CEO, maar als u mensen moet ontslaan, doe dat dan maar één keer. Het meest trieste aspect van het moeten ontslaan van een werknemer tijdens een recessie is dat het misschien uitzonderlijke werknemers zijn, maar dat u ze gewoon niet kunt betalen.

Als u iemand moet ontslaan, zorg er dan voor dat u de eerste keer genoeg doet, zodat u het proces geen tweede of derde keer hoeft te herhalen. Uw resterende werknemers zullen het begrijpen als u het één keer doet, maar ze zullen het vertrouwen in u en het bedrijf verliezen als u het vele malen doet. In plaats van productieve teamleden te zijn, zullen ze zich de hele dag zorgen maken over het verlies van hun baan.

De basis herzien.

Kijk eens goed naar uw bedrijf. Wat is uw kerncompetentie? Wijkt u daarvan af? In moeilijke tijden moet u zich concentreren op wat u het beste kunt. Ook is het tijd om terug te keren naar de basis van klantenservice.

U moet ervoor zorgen dat u de leads die u ontvangt converteert, want u zult er waarschijnlijk minder ontvangen dan voorheen. U moet er ook voor zorgen dat u geen huidige consumenten verliest. Klanten zijn essentieel voor uw voortbestaan, dus u moet al het mogelijke doen om hun zaken te behouden.

Het moreel van uw personeel verhogen.

Bonussen zijn misschien geen optie. Of u nu ontslagen hebt moeten doorvoeren of niet, uw personeel zal waarschijnlijk op de hoogte zijn van de toestand van het bedrijf. Daarom, als de dingen niet gaan en ze zijn, zullen ze waarschijnlijk worden geïnformeerd. Bijgevolg moet u alternatieve methoden ontdekken om het moreel van de werknemers te stimuleren en de motivatie op peil te houden.

Een opmerking of een kleine waardering voor goed gedaan werk gaat heel ver bij werknemers. Het kan veel betekenen voor werknemers om lof te krijgen van hun leidinggevende, vooral voor het goed uitvoeren van hun dagelijkse taken.

Dit kan ook een gelegenheid zijn om uw personeel beter te leren kennen. U kunt een groep bij u thuis uitnodigen voor een etentje, of u kunt met iedereen een zinvol gesprek voeren over wat er in hun leven gebeurt.

Uw personeel beter leren kennen kan u ook de kans geven om hen een klein maar betekenisvol geschenk te geven. U kunt nog andere dingen doen om het moreel van uw bedrijf op te krikken.

Bereid je voor op de comeback.

In een recessie kan dit een van de belangrijkste dingen zijn die u voor uw bedrijf kunt doen. Zelfs als u in overlevingsstand staat, moet u blijven nadenken over en plannen maken voor de toekomst. Uiteindelijk zal de economie zich herstellen; wanneer dat gebeurt, moet u volledig voorbereid zijn om van de situatie te profiteren.

U moet zich beginnen voor te stellen hoe het landschap van uw sector eruit zal zien wanneer de recessie voorbij is. Zullen er evenveel concurrenten zijn? Minder? Misschien meer? Deze overwegingen moet u hebben; als u dat doet, bent u goed gepositioneerd om te profiteren van de comeback.

Zorg voor bestaande klanten.

Het huidige moment is niet het moment om in paniek te raken en achter te lopen in klanttevredenheid. Houd nauw contact met al uw klanten en besteed speciale aandacht aan de grootste. U moet uw klanten altijd laten zien dat u ook in het huidige economische klimaat waardevol voor hen blijft.

Kosten verminderen.

Neem de tijd om uw budget onder de loep te nemen en na te gaan of er sprake is van buitensporige uitgaven. Zijn er aanpassingen in het budget mogelijk om de kosten te drukken? Als u gebruik maakt van leveranciers, neem dan contact met hen op om te informeren naar prijsverlagingen en als u diensten afneemt van andere bedrijven, neem dan contact met hen op om te informeren naar kostenverlagingen. Dit is te verwachten in een recessie. Wees daarom niet bang om op alle mogelijke manieren kosten te besparen.

Opruimen.

Dit is een perfect moment om de financiën en de fysieke ruimte van uw bedrijf te organiseren, uw dossiers te ordenen, achterstallige dossiers te behandelen en het kantoor op te ruimen. Het is mogelijk dat u een aantal vergeten leads ontdekt die u zou kunnen bellen. Zodra dit is gedaan, zal het eenvoudiger zijn om een stap terug te doen en wat perspectief te gebruiken om beter te begrijpen waar u bent en waar u naartoe gaat.

Gebruik het internet.

Internet is een instrument en een zeer effectief instrument. Tijdens een recessie kan het zelfs nog waardevoller zijn omdat er online zoveel gratis marketingmogelijkheden zijn. Als u niet zo computervaardig bent als anderen of gewoon geen tijd hebt, kunt u ervoor kiezen een internetmarketingbedrijf in te huren om u te helpen.

Monitor betalingen.

Let in deze tijden vooral op krediettransacties en cheques. We willen allemaal graag geloven dat al onze klanten op tijd betalen, maar misschien zijn ze zich niet eens bewust van hun eigen lage banksaldo. Om te voorkomen dat u geld en tijd verliest, is het essentieel om uw klanten en kasmiddelen goed in de gaten te houden.

Promoot uw toplocaties.

Verkoop of promoot uw laagst verkopende product of dienst niet meer dan nodig. Promoot uw best verkopende en meest winstgevende diensten actief tijdens een recessie. Als de klant dan geïnteresseerd is, kunt u hem alle andere diensten aanbieden die u aanbiedt.

Hoofdstuk 2: Uw waardepropositie bepalen tijdens een recessie.

Wat zou u antwoorden als iemand u benaderde en vroeg: "Waarom zou ik u kiezen als mijn belangrijkste zakenpartner?". Deze sound bite van dertig seconden kan het verschil zijn tussen het aangaan van een relatie met een nieuwe klant en het missen van een nieuwe verkoopkans. U moet uw unique selling proposition door en door kennen.

U kunt zeggen dat uw waardevoorstel een uitstekende klantenservice is, dat uw prijsstelling de meest concurrerende is, of zelfs dat u beweert de beste in de branche te zijn en een superieure service te leveren.

Wie zegt dit?

Deze beweringen definiëren uw identiteit niet en mogen ook niet worden gebruikt om uw concurrentievoordeel aan de man te brengen.

Waarom niet? Omdat het uitspraken zijn die vatbaar zijn voor tegenargumenten. Uw concurrenten kunnen ze kopiëren; zonder bewijs om uw beweringen te staven, zullen ze worden gezien als overdreven, betekenisloze beloften.

Wat u onderscheidt, moet de klant een betere waarde bieden dan waarvoor hij betaalt in termen van product, dienst of beide. U onderscheidt zich door iets van uitzonderlijke waarde te geven voor de prijs, waardoor u zowel bestaande als nieuwe klanten aantrekt.

Als uw concurrenten het beter doen, zullen uw klanten elders kijken, tenzij ze echt loyaal zijn en onverschillig staan tegenover prijs en waarde. In de huidige economische neergang is het zo eenvoudig.
Hoe onderscheidt u zich van de concurrentie?

Welk uniek waardevoorstel kunt u bieden dat niemand anders kan?

Kunnen uw concurrenten dat kopiëren?

Biedt u een specifiek voordeel, of gaat u er slechts van uit dat u dat doet?

Levert u een voorstel met langetermijnwaarde of een voorstel dat een snelle oplossing biedt?

Laten we onderzoeken hoe u zich van de concurrentie kunt onderscheiden:

1. Reken het uit. Zal uw dienst of product uw klanten meer kosten tijdens de huidige economische neergang terwijl de waarde hetzelfde blijft?

In dat geval kunt u geschiedenis schrijven. Klanten zijn op zoek naar manieren om te besparen, dus als u hen echte of vermeende besparingen kunt bieden, zullen ze u waarschijnlijk aan hun zijde willen hebben terwijl ze de recessie doorstaan. Zo niet, dan zullen ze op zoek gaan naar een alternatieve concurrent die hun budget en bedrijf kan redden.

2. Bedenk hoe uw product of dienst past in de wereld van uw klant. Is de waarde van uw product of dienst van belang voor de klant? De eenvoudigste manier om u te onderscheiden is iets te leveren dat anderen zullen voorstellen en bespreken.

Als het belangrijk is voor uw klant en zijn collega's u hebben voorgesteld, vindt hij het misschien niet erg om wat meer te betalen. Moedig uw toegewijde klanten aan om te vertellen wat u onderscheidt. Verwijzingen van bestaande klanten zullen uiteindelijk resulteren in de hoogste conversiepercentages.

3. Vergeet de menselijke relaties niet. Zoals ik herhaaldelijk heb gezegd, doen mensen zaken met andere mensen, niet met bedrijven of instellingen. Het implementeren van een solide CRM-programma met uw klanten is een van de meest effectieve strategieën om uw waardepropositie te beheren en te promoten. Ondanks het belang van

kostenbesparingen willen klanten weten op wie ze tijdens een recessie door dik en dun kunnen rekenen.

4. Pas u aan aan de realiteit van uw klant, niet andersom. Uw klanten moeten zich niet aanpassen aan uw bedrijfsmodel, maar u aan dat van hen. U moet weten en begrijpen hoe uw klant zijn dagelijkse activiteiten ziet en wat volgens hem de antwoorden zijn om te overleven en zelfs te bloeien tijdens de economische neergang.

Wat zijn zijn professionele obstakels?

Wat verlangen, hebben en verwachten zijn eindgebruikers?

Ga er niet van uit, alleen omdat u een geweldig waardevoorstel hebt, en het een gedane transactie is. Het is irrelevant als het product of de dienst niet voldoet aan de behoeften van uw klanten. Hij zal er een ontdekken die dat wel doet.

5. Vind je verborgen voordeel. Is er een product dat u verkoopt dat niemand anders verkoopt? Een

dienst die u levert die ongeëvenaard is? Bezit u een handelsgeheim of een brancheverbinding die opkomende trends signaleert en op hun potentieel inspeelt? Gebruik dit in uw voordeel.

6. Stel uzelf op als de enige persoon met kennis uit de eerste hand van de toekomst en wat er in het verschiet ligt. Vervolgens moet u deze geheimen prijsgeven. Door deze informatie te geven, laat u zien dat u het bredere plaatje begrijpt, wat het vertrouwen bevordert. Zorg ervoor dat uw uitspraken toekomstbestendig zijn.

U moet geselecteerd zijn, want de economische onzekerheid zal ten minste de rest van dit jaar en mogelijk volgend jaar aanhouden. Creëer een punt van onderscheid tussen uw bedrijf en alle andere, zodat klanten - uw huidige, trouwe klanten en degenen die nog ontdekt moeten worden - u zullen kiezen.

Houd rekening met hun perspectief. Begrijp hun zorgen en behoeften. Los vervolgens hun problemen op zoals niemand anders dat heeft gedaan.

Bied meer waarde voor hun geld. Het is een win-win situatie.

Hoofdstuk 3: Bewezen methoden om te gedijen in een recessie.

Niemand wenst een recessie omdat het een volledige herevaluatie zou vereisen van hoe een welvarend bedrijf in stand te houden. Wanneer een bedrijf een recessie doormaakt, is er geen belofte dat het zich snel zal herstellen.

Omdat er onvoldoende kapitaal was om de activiteiten voort te zetten, werden kleine en grote ondernemingen gedwongen te sluiten, stel je voor dat zelfs gevestigde bedrijven een deel van hun vestigingen moesten opofferen om aan de financiële eisen van de resterende vestigingen te voldoen.

Er is niets mis mee om ondanks de recessie hoge verwachtingen te hebben. Hoe eerder u erkent dat uw bedrijf faalt, hoe beter. Zo kunt u de situatie rechtzetten en hoop houden dat uw bedrijf nog gered kan worden.

Concentratie op de sterke punten van het bedrijf, verbetering van het managementteam en andere maatregelen kunnen de nodige impuls geven om het bedrijf weer op de rails te krijgen. U bent zich ervan bewust dat u nu rekening moet houden met de praktische gang van zaken vanwege het gebrek aan binnenkomende middelen.

Ook uw concurrenten in de gaten houden is essentieel om uw bedrijf weer op de rails te krijgen. Wanneer u merkt dat zij bezuinigen op zaken die u cruciaal vindt, kunt u ervoor kiezen deze kans aan te grijpen om die van uzelf te vergroten.

U weet dat u moet liegen over andere zaken, maar niet als het gaat om het promoten van uw bedrijf. Dit is een fantastische aanpak om mensen te overtuigen zaken met u te doen wanneer uw concurrenten op het punt staan te sluiten. U zou bepaalde offers kunnen brengen in uw reclame- en marketingbudget om meer klanten aan te trekken.

Vergeet niet dat in tijden van recessie, zal er een moment komen waarop u zal worden verplicht om uw fondsen te gebruiken om de financiële eisen van het bedrijf te dekken. Er is altijd de mogelijkheid om persoonlijke middelen op te offeren voor het welzijn van het bedrijf.

U kunt dat niet veranderen, vooral als u de eigenaar van het bedrijf bent. Op een lichtere noot, kunt u profiteren van de recessie door te adverteren tegen gereduceerde tarieven. U zou kunnen profiteren van deze gouden kans om uw bedrijf bekend te maken terwijl uw concurrenten dat niet doen.

U kunt zelfs zeer competente werklozen vinden die bereid zijn voor een gereduceerd loon te werken omdat ze de baan hard nodig hebben. Nu heeft het bedrijf tenminste een betere kans om de malaise te overleven.

Als dat gebeurt, kunt u 's nachts rustig slapen in de wetenschap dat u de juiste keuze hebt gemaakt door geld op te offeren aan andere, belangrijkere zaken en mensen aan te werven die het aanzien van uw bedrijf kunnen verbeteren.

Hoopvol zijn onder schijnbaar ongunstige omstandigheden is een uitdaging. Je bent ervan overtuigd dat je geen spijt zult krijgen van iets wat je eerder had moeten doen. Zolang je wilt dat het beter gaat, zul je het in jezelf vinden om bepaalde offers te brengen in het geloof dat alles uiteindelijk goed zal komen.

De volgende tactieken kunnen u en uw bedrijf niet alleen helpen de recessie te overleven, maar ook te gedijen:

1) Besef dat ten minste een deel van de recessie het gevolg is van psychologische angst en gebrek aan mentaliteit.

Er spelen inderdaad economische krachten waar je niet veel invloed op hebt. Toch is een belangrijk onderdeel van een recessie dat iedereen er voortdurend aan denkt en reageert uit angst. Voortdurend denken aan "er is niet genoeg" of "het wordt minder" leidt ertoe dat veel mensen hun uitgaven verminderen of vitale investeringen uitstellen.

U moet deze psychologische component begrijpen en erkennen dat het waarschijnlijk uw klanten beïnvloedt, en vervolgens uw marketing- en verkoopstrategieën dienovereenkomstig aanpassen. Toch moet u ook dit gebied van angst verlaten en een staat van intelligente moed binnentreden om kalm, beredeneerd en moedig actie te ondernemen.

De enige mensen die floreren tijdens een recessie zijn zij die zich niet emotioneel laten beïnvloeden en met intelligentie en kalmte reageren.

2) Krijg meer grip op uw schulden.

Onderhandel over lagere maandelijkse betalingen of langere betalingstermijnen voor uw leningen. Hierdoor kunt u cashflow vrijmaken, die u nodig hebt om uw marketing te stimuleren. Dit leidt tot de volgende tactiek:

3) Upgrade uw marketing.

De meest gemaakte fout door bedrijven tijdens een recessie is het snijden in marketinginvesteringen. U moet echter uw marketinginspanningen verhogen! Mensen maken langzamere en waarschijnlijk beter geïnformeerde uitgavenbeslissingen, dus hebben ze meer overtuigingskracht en blootstelling aan uw product of dienst nodig, niet minder.

Zorg ervoor dat uw marketing- en reclame-inspanningen gericht zijn op de juiste markt, de juiste boodschap overbrengen en de juiste media gebruiken - en dat u de resultaten test en meet. De rest is onzin. Om een recessie te overleven, moet u uw marketing verbeteren.

4) Verlaag uw uitgaven.

In uw dagelijks leven moet u zich afvragen: "Heb ik dit echt nodig, of wil ik het gewoon hebben?" Geef voorlopig alleen uit aan noodzakelijkheden en herinvesteer de besparingen in het bedrijf. Zodra je de eerste positieve resultaten ziet, kun je jezelf trakteren op alles wat je wenst, en het zal ook veel belonender aanvoelen!

5) Verhoog uw productiviteit en effectiviteit.

Ontwikkel een laserachtige concentratie op cash flow, deal flow, klantbehoud en klantbevordering. Maak er een nieuwe gewoonte van u uitsluitend te richten op activiteiten die inkomsten genereren. Elimineer alle afleiding en elimineer het extra.

6) Overweeg en implementeer "vele inkomstenstromen".

Eén is het slechtste getal in het bedrijfsleven.

Waarom? Stel dat u alleen vertrouwt op één bedrijf, één klant, één product, één dienst of één distributiemethode. In dat geval bent u in ernstige problemen als dat ene ding faalt: een belangrijke klant die vertrekt, krantenadvertenties die plotseling uitvallen, enz.

Overweeg hoe u uw marketingkanalen kunt diversifiëren of andere artikelen of diensten kunt creëren die uw primaire bedrijf aanvullen. U kunt zelfs een aantal nevenondernemingen oprichten die niet veel tijd of geld kosten en toch extra inkomsten genereren.

7) Concentreer je op het creëren van relaties met je consumenten en klanten.

Dit is altijd essentieel, maar vooral tijdens een recessie. Een sterke relatie zal klanten aanmoedigen om bij u te blijven in moeilijke tijden. Een emotionele band is altijd belangrijker dan een rationele redenering. Zorg ervoor dat uw klanten een gunstige indruk hebben van u en uw organisatie.

Omdat er zoveel kommer en kwel in de wereld is, zoeken mensen dingen die hen een beter gevoel geven, vooral tijdens een recessie. Zorg daarom vanaf het begin voor een positieve verstandhouding met uw klanten en elke nieuwe prospect. Het zal u niet alleen financieel helpen, maar ook een goed gevoel geven!

Hoofdstuk 4: Strategieën om uw bedrijf door de storm van de recessie te loodsen.

Biscayne Engineering Company, opgericht in 1898, is het oudste bedrijf van de stad Miami, met een geschiedenis die meer dan drie decennia omspant. Haar invloed op het zuidoosten van Florida strekt zich uit naar het noorden tot Cape Canaveral. De Biscayne Engineering Company is een blijvend kenmerk van Miami.

Biscayne Engineering heeft in zijn geschiedenis negen recessies en de Grote Depressie doorstaan. In het licht hiervan hebben we de president van Biscayne, George Bolton, en leden van zijn managementteam ondervraagd over de strategie van het bedrijf om stormen te doorstaan. Wat zijn enkele van Biscayne Engineering's methoden voor het overleven en floreren tijdens Recessie X?

Strategie 1: Administratie.

Over één overlevingsstrategie is Bolton ondubbelzinnig: management is het uitgangspunt voor alles. Bedrijven hebben te allen tijde behoefte aan effectief management, maar vooral tijdens economische recessies. Managers moeten weten wat er in de hele organisatie gebeurt.

Om dit te garanderen komt elke afdeling wekelijks bijeen om het werk van de vorige week af te ronden en de taken van de komende week te schetsen. Elke week komt het hele managementteam bijeen voor een statusupdate. Elke supervisor kent de huidige werklast, tijdlijnen, workflow en winstvooruitzichten. Gissen is niet toegestaan.

"Elk individu kent de status van de hele organisatie, en elke supervisor kent de verantwoordelijkheden van elk sectielid. Elke manager en supervisor weet wat elk individu van elke sectie geacht wordt te bereiken en wat elke persoon aan het eind van de dag genereert. Dit omvat hoeveel inkomsten elk individu heeft gegenereerd en of het voldoende was. Bolton beweert: "Het is ontvouwd als een spel."

"Deze vraag geldt ook voor individuen. Het gaat allemaal om de winst, "aldus Bolton. Als het gaat om promoties en salarisverhogingen, zijn iemands prestaties in het verleden essentieel. Uiteindelijk gaat het erom of we als team hebben gewonnen of verloren."

Strategie 2: Voorstellen.

Voorstellen zijn een van de belangrijkste managementtaken. Leden van het management houden bij hoeveel voorstellen er wekelijks worden verstuurd en hoeveel er worden omgezet in contracten. Elk voorstel dat niet in een contract resulteerde, wordt geanalyseerd.

Ook houden zij inkomsten en uitgaven bij. Het management stelt maandelijkse doelstellingen vast voor het aantal voorstellen. Management en medewerkers zoeken dagelijks naar nieuwe zakelijke perspectieven, die resulteren in voorstellen en contracten.

Strategie 3: Financiën.

Tijdens een recessie is financiën een andere managementfunctie die van het grootste belang is. Om concurrerend te blijven op de markt mag een bedrijf nooit zonder geld komen te zitten. Een bedrijfsbeleid zorgt ervoor dat dit nooit gebeurt: Never Run Out Of Cash.

Om het beleid effectief te maken, past u een eenvoudige regel uit de geschiedenis toe: Spaar minstens 10 procent van je inkomsten. Bolton vervolgt: "Er waren een paar moeilijke tijden waarin we in onze fondsen doken, maar uiteindelijk betaalden we het terug.

We bewaren onze buffer altijd. Indien nodig lenen we van het bedrijf, maar betalen het altijd terug. We zitten nooit zonder geld. We betalen onze rekeningen op tijd. Te late betalingen brengen kosten met zich mee in de vorm van achterstallige kosten en opgelopen rente. Betaal altijd tijdig.

Een tweede onderdeel van het plan is het bijhouden van de inkomsten en uitgaven voor elk contract. Financiële analyse hoeft geen raketwetenschap te zijn, maar we moeten het wel doen.

Het derde onderdeel van de aanpak is bepalen hoeveel inkomsten elke maand traditioneel heeft opgeleverd. Daartoe houden wij op een grafiek de inkomsten van elke maand van de drie voorgaande jaren bij.

Het gemiddelde over drie jaar is een essentieel onderdeel van de begroting en een meetinstrument. Het is nuttig bij het schatten van de inkomstenbehoeften voor de komende maanden. Wij voegen aan het gemiddelde van elke maand een stijgingspercentage toe voor het stellen van doelen. Deze cijfers dienen als management benchmarks.

Strategie 4: Breid uw basis uit.

Mike Bartholomew, vice-president operations, werd toegevoegd als nieuwe leidinggevende. "Ook onze klantenkring is zo divers mogelijk. We vinden dat een groot aantal kleinere klanten ons helpt om een consistentere inkomstenstroom te behouden tijdens economische recessies, in vergelijking met het werken met een handvol grote klanten."

Strategie 5: Planning.

Planning is een andere aanpak om de recessie te bestrijden. Innovatieve bedrijven plannen consequent, en ons plan houdt altijd rekening met de kans op een economische neergang. Recessies en andere potentiële penibele situaties vallen onder de What If? Bovendien bevat het plan remedies voor deze situaties.

Eens per jaar worden de marketing- en bedrijfsplannen herzien en bijgewerkt, en elk kwartaal doet het management een evaluatie of analyse. Na de evaluatie gaat de strategie door naar het volgende kwartaal. Observeer figuur

De procedure in vier stappen begint met onderzoek.

Daarna volgt de planning, dan de uitvoering en tenslotte de analyse. De cyclus begint dan opnieuw met het volgende kwartaal. Het proces houdt nooit op, en het management wordt voortdurend gewaarschuwd als er iets fout begint te gaan.

Strategie 6: Pooling van softwarelicenties.

Het poolen van softwarelicenties is een intrigerende methode om geld te besparen. Dit wordt bereikt door een op een server gebaseerde pool van AutoCAD-licenties aan te houden die naar behoefte kunnen worden uitgecheckt. Dit elimineert een set voor elke computer, aangezien sommigen de applicatie af en toe gebruiken. Hierdoor kan het bedrijf met minder vergunningen werken, en dus geld besparen.

Strategie 7: Onderhoud/upgrades van apparatuur.

Apparatuur is essentieel voor het succes van elk landmeetkundig bedrijf. Een van de kostenbesparende maatregelen bij Biscayne is het gebruik van technologie. De organisatie moderniseert voortdurend haar veld- en kantoorapparatuur.

Maandelijks computeronderhoud is veel goedkoper dan elke drie jaar een computer vervangen. Een computer kan bij goed onderhoud twee tot drie jaar langer meegaan dan normaal.

Onderhoud van voertuigen is essentieel omdat het de levensduur verlengt van de auto's, die een van de belangrijkste activa van een bedrijf vormen. Brandstof inkopen tegen de laagst mogelijke prijs levert besparingen op: het personeel bedient meerdere werklocaties in dezelfde omgeving.

Dit voorkomt retourritten naar kantoor en werkgebieden. Het onderhoud strekt zich uit tot het personeel. Het behoud van de gezondheid van de werknemers is essentieel voor een ononderbroken productie. De organisatie ondersteunt gezond leven en jaarlijkse medische keuringen. Werknemers die afvallen en stoppen met roken worden beloond.

Strategie 8: Kleine details.

Zelfs kleine handelingen, zoals het uitdoen van het licht op verlaten of onderbezette werkplekken, dragen bij tot kostenbeheersing. Door maandelijks grote hoeveelheden voorraden te kopen, bespaart men gas en verlaagt men de kosten dankzij de kwantumkorting. Het bedrijf maakt gebruik van gewapende veldbeveiliging om kosten als gevolg van diefstallen op werklocaties te beperken en te elimineren.

Strategie 9: Personeel.

Het Developing Diversity-programma van Biscayne Engineering leidt technici kruiselings op, zodat ze van functie kunnen veranderen en er geen tweede werknemer nodig is. Deze methode wordt geïllustreerd door een laserscannertechnicus die veldgegevens vertaalt en op kantoor verwerkt.

De toevoeging van enkel deskundige en ervaren mensen is een andere menselijke kostenbesparende methode die de kwaliteit van de dienstverlening verbetert. De huidige arbeidsvoorwaarden zorgen voor een groot aantal gekwalificeerde vakmensen. De strategie om geld opzij te zetten komt hier gunstig uit. Bij Biscayne zijn ontslagen een laatste redmiddel en hebben ze nooit invloed op de kwaliteit van de dienstverlening.

Strategie 10: Marketing.

De marketing van Biscayne Engineering gaat door ondanks de terugkerende recessie, wat een geaccepteerd gegeven is. "Volgens Mike Bartholomew, vice president of operations, "vinden we dat het managementteam alle medewerkers leidt en betrekt bij de marketingcampagne."

Dit omvat het definiëren van doelstellingen en het bijhouden van onze vooruitgang bij elke doelstelling. Het houdt in dat we onze uitgaven en het rendement op investeringen in de gaten houden. Het gaat ook om het lanceren van nieuwe diensten en het verbeteren van bestaande."

Bolton vervolgt: "Veel bedrijven laten hun marketingstrategieën in moeilijke economische tijden varen. Dat is een vergissing. Ze trekken zich terug uit de markt, waardoor andere concurrenten hun plaats kunnen innemen. Wij zien marketing iets anders.

Wij zien het niet als het verkoopinstrument van het bedrijf. Omgekeerd zien wij onze diensten als vehikel voor onze marketinginspanningen om nieuwe klanten te werven. Dit stelt marketing effectief boven alles, zoals het hoort tijdens een recessie. Wij adverteren voortdurend."

Strategie 11: Netwerken.

Bartholomew zei dat netwerken deel uitmaakt van de marketinginspanning. Door te netwerken werven we veel nieuwe klanten. Sinds het begin van de crisis is netwerken een veel belangrijkere activiteit geworden. Bartholomew verklaarde: "We hebben altijd genetwerkt, maar nu is het essentieel."

Netwerken en lid worden van organisaties zijn twee van de beste strategieën om een bedrijf te stimuleren. Netwerken is buitengewoon kosteneffectief, en de jaarlijkse contributie voor toetreding tot groepen ligt vaak tussen de twee- en driehonderd dollar.

Kamers van koophandel, sociale groepen, sportclubs, burgerlijke clubs, en liefdadigheidsorganisaties zoals de United Way, Easter Seals, en de American Cancer Society zijn goede mogelijkheden voor netwerken en dienstverlening aan de gemeenschap. Sluit u aan bij een van deze organisaties met de bedoeling bij te dragen in plaats van te ontvangen. Een succesvolle commerciële transactie levert een sterk rendement op.

Weten dat een netwerkevenement geen kalkoen schieten is, is de meest essentiële component van netwerken. Het is veeleer een gelegenheid om nieuwe mensen te ontmoeten, met hen kennis te maken en vriendschap en vertrouwen op te bouwen.

De transactie kan later plaatsvinden, of misschien wel nooit. Daarom heb je een uitgebreid netwerk nodig. Bouw en onderhoud je netwerk en gebruik elke gelegenheid om nieuwe leden te werven, ook aan de kassa van een supermarkt. Uiteindelijk zullen de mensen in uw netwerk aanzienlijke nieuwe zaken voor u genereren. Maar je moet geven om te ontvangen.

Strategie 12: Uitbreiding.

Dit is een goed moment voor ondernemingen met beschikbare of toegankelijke financiële middelen om uitbreiding te overwegen. Sommige bedrijven sluiten, andere hebben geen geld meer; deze bedrijven zijn een waardevolle bron van nieuwe zaken. Biscayne Engineering heeft onlangs veel specialisten overgenomen van een bedrijf in Miami-Dade County waarvan de eigenaar is overleden.

Tenzij u bereid bent de handdoek in de ring te gooien, kunnen deze tactieken u helpen de recessie te overleven en een succesmentaliteit in te voeren waarmee u meer geld kunt verdienen en meer financiële onafhankelijkheid kunt bereiken. Het kan tijd kosten, maar het is mogelijk.

Hoofdstuk 5: Manieren om het momentum te veranderen.

In goede tijden word je onbewust meegesleept door het momentum van de goede tijden. Tijdens deze voorspoedige periodes berijd je de golven. U kunt uw bewuste gedachten richten op laaghangend fruit, tactische acties en de enorme kansen die de markt biedt om positieve resultaten te genereren en vooruitgang te boeken.

Maar in slechte tijden rijdt u onbewust mee op het momentum van die slechte tijden. Tenzij u veel moeite doet om uw momentum te veranderen, zullen de komende maanden of jaren een heel avontuur worden. Momenteel kan waanzin worden omschreven als "hetzelfde doen als in goede tijden en dezelfde resultaten verwachten in slechte tijden!"

Dus, wat zijn de belangrijkste middelen die u in deze moeilijke tijden tot uw beschikking hebt om het momentum te veranderen?

Rouw om je verlies.

Neem even de tijd om te rouwen om het heengaan van de voorspoedige tijden, zodat niets je bewust of onbewust belemmert om vooruit te gaan. Gehechtheid aan het voorspoedige verleden kan er alleen maar toe leiden dat je pessimistisch bent over het heden. Elke generatie maakt meerdere succesvolle en uitdagende periodes door. Dit is één van de moeilijke periodes die we moeten overleven in dit geschenk dat we leven noemen.

Verander inactieve hoop in actieve hoop.

Passieve hoop is een essentiële eerste stap op weg naar betere oorden. Met zijn presidentiële campagne en zijn boodschappen heeft Barack Obama velen geholpen deze eerste mentale stap te zetten. Op basis van mijn observaties van Barack Obama kan ik echter garanderen dat het nooit zijn bedoeling was dat wij passief naar een betere toekomst zouden streven. Er zijn veel andere acties nodig om passieve hoop om te zetten in actieve hoop.

Persoonlijk standpunt.

Ik heb al beschreven hoe ik naar sport kijk voor zowel plezier als onderwijs. Tijdens het college football-seizoen zagen we een uitzonderlijk voorbeeld van één individu dat een standpunt innam, met uitstekende resultaten tot gevolg. Tim Tebow, quarterback van de Universiteit van Florida, sprak zich uit in een persconferentie op 27 september 2008, na het enige seizoensverlies van de Gators tegen Ole Miss.

Hij betuigde spijt, beloofde betere en geconcentreerde inspanningen en wenste iedereen het beste. Het resultaat van dit publieke standpunt was een nationaal kampioenschap voor de Florida Gators.

Uw sterke punten begrijpen en hun effect maximaliseren.

Succesvolle mensen richten zich op hun sterke punten. In moeilijke tijden is er geen ruimte voor fouten. Daarom kunt u het zich niet veroorloven om tijd, geld of middelen te besteden aan initiatieven, projecten of taken die niet overeenkomen met uw sterke punten. Maak vandaag nog een actieplan om uw sterke punten te activeren!

Stop elke week met één activiteit die niet tot uw sterke punten behoort. Investeer uw tijd, moeite en middelen in een van uw vaardigheden. Stel een deadline voor het verhogen van de activering van uw sterke punten met 5%. Streef dit doel voortdurend na. Bereik hem, stel hem dan opnieuw vast. 70% tot 80% van uw tijd, energie, en financiën moeten worden besteed aan uw sterke punten.

De behoeften van uw markt opnieuw evalueren.

De meest succesvolle producten en diensten bieden meer dan alleen praktische voordelen. Ze bedienen klanten of afnemers met meer diepgaande, meer emotionele eisen. Door de huidige economische neergang zijn de emotionele eisen van uw klanten of consumenten waarschijnlijk veranderd. U kunt het beste de behoeften van uw markt opnieuw evalueren om te zien hoe u uw capaciteiten kunt inzetten om aan de veranderende marktbehoeften te voldoen.

Mensen steunen doorgaans bedrijven en dienstverleners die ze kennen, aardig vinden en vertrouwen. Ze staan steviger in moeilijke tijden. Vind manieren om uzelf te positioneren en verder te gaan, en u zult hun bedrijf behouden en laten groeien.

Overweeg strategische promotiemogelijkheden.

Grenzen bieden focus en stimuleren creativiteit. Succesvolle innovaties zijn zelden het resultaat van willekeurig nadenken. Het helpt de geest meer open te staan voor ideeën, maar de meest succesvolle uitvindingen ontstaan wanneer mensen omgaan met de tegengestelde grenzen van de situatie. U moet uw concurrentieomgeving opnieuw definiëren om verborgen kansen bloot te leggen. Vervolgens moet u bepalen hoe u kleine projecten kunt testen om deze kansen te onderzoeken.

Evalueer uw energiebeheerpraktijken.

De aard van de arbeid is geëvolueerd. De meeste arbeid wordt niet langer adequaat beheerd door het efficiënte en effectieve gebruik van tijd alleen. Dat geldt ook voor de snelheid en de invloed van de markt. Om te slagen moet u strategieën hebben om uw energie en die van uw organisatie te beheersen. Neem periodiek deel aan het proces van strategische vooruitgang.

Herdefinieer excellente uitvoering en ontwikkel meer hoogwaardige, dagelijkse, geconcentreerde sessies. Gun uzelf ten slotte regelmatige rustmomenten. Jack Welch heeft vaak gezegd dat hij zijn beste ideeën had wanneer hij op vakantie was! Heb er vertrouwen in dat terugkerende recuperatie u ten goede zal komen als u zich bezighoudt met strategische vooruitgang en uitvoeringskwaliteit.

Geef je geest vaak bijzondere boodschappen.

Dit is belangrijk wanneer je het nieuws over moeilijke tijden uit de media hoort. Bovendien, hoe hard je ook probeert ze te vermijden, zul je in moeilijke tijden waarschijnlijk meer gesprekken voeren met een negatieve toon. Voed je geest zoveel mogelijk proactief met positieve affirmaties en gezonde informatie. Neem het op in je routine!

Je wordt meegezogen in de draaikolk van negativiteit rond onze huidige recessie als je niet bewust probeert je momentum te veranderen. Als je de acht hierboven beschreven momentum-veranderende strategieën toepast, zullen ze een nieuw, positief momentum voor je genereren.

Pak onmiddellijk uw planner en voer ten minste één ervan uit in elk van de komende dertig dagen. Je kunt geschokt zijn hoe anders je leven zal zijn na dertig dagen.

Hoofdstuk 6: Verlaag de kosten en verhoog de winst tijdens een recessie door uw bedrijf online te brengen.

Tijdens de wereldwijde recessie van 2008-2009 sluiten bedrijven in een alarmerend tempo hun deuren.

Het principe van Darwins "survival of the fittest" is springlevend. Bedrijven die zich niet kunnen aanpassen aan de steeds veranderende economische omgeving gaan ten onder. U kunt profiteren van het feit dat veel van uw concurrenten het opgeven en de handdoek in de ring gooien. In deze moeilijke tijden moet u zich grote inspanningen getroosten en overwegen de buitensporige bedrijfskosten te verlagen.

Tijdens de huidige internetgoudkoorts zoeken sommige scherpzinnige ondernemers naar online mogelijkheden om hun moeizame expertise te gelde te maken. Helaas zullen velen ontdekken dat zij als kinderen zijn in een volk van volwassenen. Internet marketing technologieën en tactieken kunnen niet worden geleerd in een maand of zelfs een jaar; het is een continu proces dat ambitieuze aandacht nodig heeft.

Door de lage kosten voor het starten en onderhouden van een internetbedrijf is er doorgaans veel concurrentie. Alleen de sterkste concurrenten zullen online overleven en groeien. Gelukkig voor u, de gedreven en ambitieuze ondernemer, zullen de meeste van uw concurrenten laks zijn in hun marketinginspanningen, onbekwaam in het opvolgen van klanten, en schuldig aan vele andere zakelijke misdaden.

U kunt online gedijen en overleven als u een meer fitte concurrent bent. Dit is niet het moment om dubbelzinnig te zijn over uw doelstellingen; zaken gaan over geld verdienen, en u moet agressief en vasthoudend zijn in deze moeilijke tijden.

Door uw online bedrijf met een proactieve instelling op te zetten, zult u meer kennis en expertise in efficiënte online marketing verwerven dan uw zwakkere concurrentie. Wanneer de economische omstandigheden verbeteren, zal uw winst omhoog schieten omdat uw uitstekende basis en het harde werk om die op te bouwen duidelijk zullen zijn voor nieuwe klanten.

Dit is het optimale moment om uw organisatie als marktleider te positioneren. Ook is het een uitstekende tijd om een gloednieuwe online business te lanceren. Het maakt niet uit of u nog nooit eerder een bedrijf heeft gehad of dat u een heel ander bedrijf wilt opzetten dan uw offline operatie. Hoe je je leven ook hebt geleid, de kans is ongelooflijk groot dat je kennis en ervaring hebt die je kunt toepassen om geld te verdienen.

Denk aan het geval dat je schoenmaker bent. Ik was vroeger timmerman, maar raakte verveeld door de lange uren en het fysieke werk, dus ik begreep het perspectief van de vakman en besloot online een andere baan te zoeken. Je kunt niet efficiënt online schoenreparatie aanbieden.

Je kunt materialen verkopen, een boek of een video over hoe je de vaardigheid onder de knie krijgt. Toch moet je, om online significant geld te verdienen, jezelf opnieuw uitvinden als ondernemer en je mindset daarop aanpassen.

Er bestaan veel mogelijkheden om online geld te verdienen. U zou kunnen beginnen met de verkoop van een artikel online, maar later besluiten dat u iets winstgevenders wilt doen, zoals het genereren van leads en het uitvoeren van telefonische verkoop. Een koers kiezen kan behoorlijk moeilijk zijn, maar je moet iets kiezen en erbij blijven tot je begrijpt hoe je het online moet verkopen, waarna je het geleerde kunt toepassen op andere ondernemingen.

In het algemeen vereisen de meest lucratieve manieren om online geld te genereren technische vaardigheid als marketeer of de wens om prospects te bellen. Als je iets van waarde te geven hebt, heb je er baat bij om benaderbaar en toegankelijk te zijn voor potentiële klanten.

Het internet is slechts een andere weg om met mensen in contact te komen, geen middel om zich voor klanten te verbergen en betrokkenheid te beperken. Hoe toegankelijker uw marketing is, hoe meer internet business u waarschijnlijk zult ontvangen.

Hoofdstuk 7: Controle nemen over uw bedrijf in onzekere tijden.

Mensen zijn zich angstig bewust van de immense mondiale, binnenlandse en persoonlijke problemen waarmee we worden geconfronteerd, overal waar je kijkt: kranten, tijdschriften, televisie en blogs. Er is veel geschreven over de kommer en kwel waarmee we allemaal worden geconfronteerd. Mensen worden geconfronteerd met stress in elk facet van hun leven, en we hebben een nationale nadruk gelegd op "de crisis".

Ondanks alles is er een onderliggende rode draad van hoop. Als instellingen en organisaties falen, worden afgebroken of gedwongen worden te hervormen, ontstaan er mogelijkheden die nieuwe en verbeterde kansen kunnen creëren. Onder de oppervlakte van angst ligt een solide basis van "kunnen doen" ervaring.

Er ontstaat een boodschap van "ja, we kunnen het" en er ontstaan mogelijkheden die gekoppeld zijn aan actie. Intellectueel zijn we ons ervan bewust dat zelfs de slechtste tijden cyclisch zijn en dat de dieptepunten uiteindelijk plaats maken voor nieuwe perioden van expansie.

Andrew Carnegie richtte zijn staalfabriek op tijdens het begin van de recessie van 1873, en IBM introduceerde de personal computer tijdens de recessie van 1981, zoals de geschiedenis aantoont.

De belangrijkste punten van zorg voor iedereen zijn:

- Wat kan ik doen om in deze periode te gedijen en niet alleen te overleven?

- Welke stappen kan ik nemen om me te positioneren voor de komende ommekeer?

De eerste stap is om de juiste mensen in de bus te krijgen. In deze moeilijke tijden proberen ongetwijfeld veel mensen op de juiste bus te stappen die veiligheid en beschutting biedt tegen de naderende storm.

Ja, sommige mensen zijn tevreden met het wachten op de bus terwijl ze wanhopig hopen op een fatsoenlijke bus.

Anderen zijn echter niet tevreden met wachten; zij hebben er geen belang bij gered te worden. Zij zoeken de positie van de chauffeur. Zij willen de route bepalen en de bus besturen.

Chauffeurs met de zelfverzekerdheid en vastberadenheid om de route te kiezen, obstakels te overwinnen en hun passagiers een gevoel van veiligheid en vertrouwen te geven. Ze gaan met vertrouwen en vastberadenheid vooruit, gericht op wat zal zijn in plaats van wat had kunnen zijn.

Nielsen ontdekte dat bedrijven die gedurende de jaren tachtig hun marketing- en verkoopactiviteiten handhaafden of verhoogden, vijf jaar na de recessie een groei van 275% doormaakten. Bedrijven die hun uitgaven verminderden, zagen in dezelfde periode slechts een toename van 19%.

Bestuurders moeten in moeilijke periodes beide handen aan het stuur houden. Een overzicht van de literatuur over hoe te gedijen in stormachtige tijden geeft aan dat bestuurlijke intensiteit "uitstekend kasbeheer" en "prestatieverbetering" (het elimineren van activiteiten die geen waarde toevoegen) impliceert. Men zou echter kunnen aanvoeren dat deze technieken al wijdverbreid zouden moeten zijn.

Het betrekken van werknemers is een van de essentiële vaardigheden om te leren floreren in moeilijke tijden. In plaats van hen in de steek te laten als een last, gebruik je hun intellectuele kapitaal en operationele expertise om de meest efficiënte methoden te ontdekken om de cashflow te beheren en verspilling te verwijderen.

Met andere woorden, behandel hen niet als simpele omstanders, maar benadruk dat zij belang hebben bij het resultaat. Bovendien kunnen zij waarde toevoegen door hun onderscheidende perspectieven en intellectuele middelen in te brengen.

Pfizer verminderde inefficiënties door zijn onderzoeks- en bedrijfsafdelingen op te delen in kleinere teams, waardoor zij meer verantwoordelijkheid en zeggenschap kregen over hun werk en producten. De inbreng van deze "ondernemersgenen" in hun teams resulteerde in meer creativiteit en inventiviteit en verbeterde productie en moreel.

Zoals elke andere omstandigheid in het leven is succes het product van hoe wij de dingen zien. Alles wat bestaat, begon als een idee dat zich manifesteerde in actie.

Als we het huidige scenario bespreken met collega's, klanten en bedrijfseigenaren, zien we twee kampen.

Er zijn twee groepen: "maak de luiken dicht" en "wees voorzichtig proactief." Wij zien de volgende overeenkomsten tussen proactieve individuen:

1. Werk van binnen naar buiten.
2. Richt strategische partnerschappen op.
3. Wees actief in tegenstelling tot passief.

1. Van binnen naar buiten werken.

Wat u denkt, individueel of collectief, beïnvloedt uw emotionele toestand, aangezien uw emoties uw gedrag bepalen. Door je te richten op proactief beheer van je "mentale toestand" of houdingen, kun je de resultaten die je bereikt gunstig beïnvloeden. Bovendien is je vermogen om als leider een houding van dankbaarheid en overvloed uit te stralen een voorbeeld voor anderen.

Als leider heb je dagelijks, van moment tot moment, de mogelijkheid om de mensen op wie je vertrouwt om je visie uit te voeren, te motiveren of te demoraliseren. Gebruik deze gelegenheden wijselijk.

2. Strategische allianties.

Ontwikkel strategische partnerschappen met organisaties en mensen die de waarden en doelstellingen van uw organisatie delen. In de westerse cultuur worden de Lone Ranger, Michael Jordan en Superman geromantiseerd; niettemin hadden zij elk minstens twee sidekicks.

Diversiteit en onderlinge verbondenheid zijn de bronnen van innovatie. Allianties die samenwerking aanmoedigen genereren mogelijkheden om je invloedssfeer te vergroten of waardevolle inzichten te verschaffen in bekende situaties.

Samenwerking en innovatie zijn veel bevorderlijker voor succes dan solo-inspanningen en "winner takes all"-concurrentie.

Voordat hij stierf, merkte Studs Turkel op dat twee factoren mensen hielpen de Grote Depressie te overleven: optimisme en wederzijdse hulp. In moeilijke omstandigheden is de kwaliteit van de mensen om je heen van vitaal belang, dus zorg ervoor dat de bus de juiste passagiers bevat.

3. Activiteiten.

Wanneer het moeilijk wordt, is het te gemakkelijk om verlamd te raken door besluiteloosheid; toch is dit het moment voor daadkracht. Ontwikkel een positieve en kristalheldere focus, communiceer je overtuigingen en doelstellingen met anderen, ontwikkel een strategie en voer die uit. Actie zet onze wensen om in resultaten.

Steve Jobs, CEO van Apple, zei het volgende: "Toen de dot-com zeepbel barstte, beloofde ik mijn bedrijf dat we ons door de recessie heen zouden investeren in plaats van de werknemers te ontslaan die we zo hard hadden gewerkt om ze voor Apple te werven, en dat we de financiering op peil zouden houden, zodat we aan het eind van de recessie een voorsprong zouden hebben op onze concurrenten.

Dat is wat we hebben gedaan. Dat is wat we deze keer zullen bereiken." Apple blijft nieuwe producten introduceren terwijl andere bedrijven ontslagen aankondigen.

Als we de adviezen van "deskundigen" doornemen, zijn "aanscherpen" en "bezuinigen" de overheersende thema's. Op het eerste gezicht lijkt dit redelijk logisch.

Toch brengt deze theorie twee problemen met zich mee. Het eerste is dat wanneer het tijd is voor groei en expansie, het een uitdaging is om over te schakelen van een "hold the fort"-mentaliteit naar een mentaliteit van groei en expansie.

De tweede is dat terwijl u aan het uitbreiden bent, concurrenten die prioriteit geven aan organisatiecultuur, efficiëntie en innovatie u ver vooruit zullen zijn in het veroveren van marktaandeel en het aanbieden van nieuwe producten en diensten aan hun (en veel van uw "vroegere" klanten) consumenten.

Hoewel wij geen economen zijn, zijn wij het eens met professor Sean Snaith van de Universiteit van Zuid-Florida, zoals gesteld door de Associated Press: "Als u de neergang overschat en werknemers ontslaat, zal het bedrijf in het nadeel zijn wanneer de economie zich herstelt." Het werven, kiezen en inwerken van nieuwe werknemers kan duurder zijn dan het behoud van uw intellectuele activa.

Het is tijd om op de bus naar de toekomst te stappen, niet om de storm af te wachten. Als u wacht tot de omstandigheden gunstig zijn om te handelen, kunt u ontdekken dat de bus al zonder u is vertrokken. Meer nog, het is tijd om de leiding te nemen en de toon te zetten door een interne houding van dankbaarheid en overvloed te cultiveren, allianties te ontwikkelen die uw beweging naar de gewenste toekomst vergemakkelijken, en onmiddellijk te handelen.

Hoofdstuk 8: Hoe reclame uw winst kan verhogen tijdens een recessie.

Tijdens een recessie, is het gebruikelijk voor marketing managers om te aarzelen voor het stimuleren van reclame-uitgaven. Bezuinigingen worden verwacht. Waarom zou je reclamedollars investeren als niemand koopt? We beleven moeilijke economische tijden. De Verenigde Staten hebben sinds de Tweede Wereldoorlog negen recessies meegemaakt.

Vijf daarvan vonden plaats van 1980 tot 2009. Hoe negatief dit ook mag klinken, er is een lichtpuntje: consumenten geven tegen het einde van een recessie doorgaans 9% meer uit dan aan het begin. Hoewel we ons technisch gezien niet in een recessie bevinden, zijn vooruitzichten die geld willen besparen eerder geneigd van merk te veranderen wanneer de financiën krapper worden.

Honderden onderzoeken hebben uitgewezen dat het handhaven of verhogen van reclame tijdens economische recessies voordelig is voor marketeers. Dit lijkt contra-intuïtief, maar onderzoek uit de jaren 1920 bevestigt dit. Bedrijven die in deze tijden minder reclame maken, worden daarentegen meestal geconfronteerd met een daling van de verkoop. Enkele voorbeelden:

- Tijdens de malaise van 1923 werden tweehonderd bedrijven gecontroleerd. Volgens de Harvard Business Review kenden organisaties die in die periode het meest reclame maakten de grootste omzetgroei.

- Tijdens de recessies van 1948-1949, 1953-1954, 1957-1958 en 1960-1961 controleerde Buchen Advertising de correlatie tussen reclame-uitgaven en verkooppatronen. De onderzoekers ontdekten dat bedrijven die hun reclame-uitgaven verminderden, hun omzet zagen dalen.

Toen de recessie eindigde, bleven deze bedrijven achter bij hun rivalen, die hun reclamebudgetten hadden gehandhaafd.

- In de jaren tachtig analyseerde McGraw Hill Research 600 B2B-bedrijven. Bedrijven die tijdens de recessies van 1980 en 1981-82 hun reclame-uitgaven handhaafden of verhoogden, hadden een sterke groei tijdens en in de drie daaropvolgende jaren.

In 1985 waren deze bedrijven met 256% meer gegroeid dan bedrijven die hun reclamebudgetten niet hadden gehandhaafd! Ook The Center for Research and Development vond dat agressieve adverteerders groeide marktaandeel 4,5 keer sneller dan degenen die lagere advertentie-uitgaven tijdens de post-recessie herstel.

- In 2003 evalueerden de professoren Kristina Franberger en Roger Graham 2.662 bedrijven onder auspiciën van het Marketing Science Institute. Zij ontdekten dat grotere reclame-uitgaven tijdens een recessie niet alleen werken, maar ook bijdragen tot de financiële prestaties tot drie jaar na het einde van de crisis.

Ondermaatse product- of servicekwaliteit of ineffectieve marketingcommunicatie zal alle verbeteringen tenietdoen. Dus, om uw bedrijf te helpen bloeien tijdens marktdalingen:

- Breid uw reclamecampagne uit of, op zijn minst, ondersteun deze. Als uw concurrenten hun inspanningen verminderen, zal uw boodschap meer opvallen.

- Houd uw website fris en zorg ervoor dat uw producten en diensten up-to-date zijn.

- Maak gebruik van zoekmachineoptimalisatie om de positie in de zoekmachines te verbeteren.

- Gebruik de mogelijkheden van sociale marketing om uw aanwezigheid op het internet uit te breiden.

- Bespaar niet op creatieve en productiekosten. Vergeet niet dat uw imago wordt weerspiegeld in de productiewaarden van uw advertentie.

- Ontwikkel een marketingplan met uw agentschap om te voorkomen dat u reclamegeld verspilt.

- Bewaar en verfijn het imago en de boodschap van uw merk. Alle media moeten synergetisch werken om een cumulatief effect te bieden.

- Dit kan een uitstekend moment zijn om te profiteren van lagere advertentietarieven, zodat u vaker kunt adverteren.

Om uw aanwezigheid te handhaven en relaties met klanten en prospects te onderhouden, moet u contact met hen blijven opnemen. Als u dat niet doet, doen de concurrenten het wel.

Tijdens economische recessies is het zinvol voor uw bedrijf om zijn reclame-inspanningen uit te breiden. Denk er goed over na. Zou u uw verkoopteam opdragen thuis te blijven tijdens een dalende verkoop? Natuurlijk niet. U zou hen aansporen om nieuwe bedrijven op te bouwen door harder en slimmer te werken.

Hoofdstuk 9: Hoe uw inkomen via netwerkmarketing verhogen, zelfs tijdens een recessie.

De recessie heeft netwerkmarketingorganisaties en andere thuisbedrijven schade berokkend. Dit komt omdat het aantal beschikbare mogelijkheden is afgenomen en de bestaande markten oververzadigd en concurrerend zijn geworden.

Dit benadrukt het belang van het ontwikkelen van een dynamisch bedrijfsmerk om online te kunnen blijven opereren. Als u het perfecte netwerk marketing plan vindt, kan uw organisatie in staat zijn om een groter deel van de markt te veroveren terwijl concurrenten gedwongen zijn om hun inspanningen te verminderen.

Branding als methode.

U weet ongetwijfeld hoe belangrijk het merk van een onderneming is. Het is de manier waarop uw bedrijf zich kan onderscheiden van zijn concurrenten. Een merk bestaat uit verschillende componenten of eigenschappen die klanten en prospects met u associëren.

Deze eigenschappen kunnen voordelig of nadelig zijn en het verkoopvolume van uw bedrijf beïnvloeden. Branding is niet vaak de eerste marketingaanpak die marketeers overwegen, maar het is essentieel als u wilt slagen tijdens een recessie.

Essentiële kenmerken van uw merk.

Uw merk moet klanten inspireren. Als het niet tot hun interesse en verbeelding spreekt, zal het niet slagen. Het verspilt ook marketingdollars. U moet begrijpen hoe uw merk de wensen van klanten zal bevredigen of hoe het de concurrenten zal overtreffen en succes zal boeken.

Het beste zou zijn als u een onderscheidend, gemakkelijk uit te leggen merk had. Als u hen kunt aantonen hoe uw merk uniek is en waarom ze met u zaken zouden moeten doen in plaats van met een concurrent, dan hebt u iets.

Denk aan het belang van het ontwikkelen van een unique selling proposition (USP), want die bepaalt deze kwaliteit. U moet ook de aantrekkingskracht van uw product of bedrijf benadrukken en het in een zo gunstig mogelijk daglicht stellen.

Vertrouwen is essentieel voor een goede verkooprelatie met prospects en klanten. U wilt dat zij zich op hun gemak voelen. Anders vertrekken ze misschien. De recessie heeft klanten veel angstiger en ongeruster gemaakt dan vroeger. Ze maken zich meer zorgen over de manier waarop en de plaats waar ze hun uitgaven doen.

Als u oprecht en persoonlijk kunt zijn in uw interacties, zult u meer succes hebben dan wanneer u de harde verkoopaanpak gebruikt. Houd uw merk relevant. Als u de relevantie van uw merk voor het leven van de klant kunt aantonen, kunt u moeilijkheden zoals financiële beperkingen en specifieke culturele invloeden overwinnen.

Door branding als netwerkmarketingaanpak te gebruiken, kunt u de doeltreffendheid van uw bedrijf in het huidige economische klimaat vergroten. Het is een van de vele stappen die kunnen worden genomen om uw bedrijf robuuster te maken.

U kunt zich beter aanpassen aan veranderingen in de markt door de economische situatie te onderzoeken. Uw netwerk marketing inspanningen kunnen bloeien als u de tijd neemt om intelligent te handelen.

Leren over de meest geavanceerde netwerkmarketingtechniek is een goed uitgangspunt, maar er is nog veel meer dat u moet weten om uw financiële toekomst veilig te stellen.

Hoofdstuk 10: Teleseminars gebruiken om uw bedrijf tegen recessive te beschermen.

Het is verbazingwekkend hoeveel echte opties er zijn om geld te verdienen op het internet. U kunt eBooks, eReports, coaching diensten, teleseminars en andere digitale producten verkopen.

Teleseminars zijn een van mijn favorieten (en meest winstgevend). Teleseminars zijn in wezen trainingen die via de telefoon of webcast worden gegeven. Door de technologische vooruitgang zijn teleseminars een van de populairste methoden geworden voor bedrijfstrainingen en productpromotie.

Het belangrijkste voordeel van teleseminars is dat deelnemers niet hoeven te pendelen. U kunt teleseminars organiseren of eraan deelnemen vanuit bijna elke locatie, inclusief uw huis, bedrijf of halverwege de wereld, en u kunt aanzienlijke winsten creëren.

Voordelen van teleseminars.

U hoeft uw kantoor niet te verlaten om aan een training deel te nemen. In tegenstelling tot traditionele opleidingen waarbij reistijd moet worden ingecalculeerd, is er een minimale verstoring van uw dag. Op het afgesproken tijdstip hoeft u alleen maar voor uw telefoon of computer met een snelle en betrouwbare internetverbinding (via Skype of VOIP) te zitten.

Zoals gezegd hoeft u niet te reizen. U hebt dus alle tijd om andere taken uit te voeren of u voor te bereiden op het teleseminar. De angst die gepaard gaat met reizen en op tijd komen valt weg.

Vergeleken met andere middelen om een bedrijf te onderwijzen of reclame te maken, zijn de kosten van het organiseren van of deelnemen aan een teleseminar uitzonderlijk kosteneffectief.

Teleseminars duren vaak tussen de 30 en 90 minuten. Dit betekent dat ze ongelooflijk doelgericht zijn, en dat u veel direct toepasbare informatie kunt krijgen.

De meeste teleseminars bevatten een vraag en antwoord sessie. Deelnemers kunnen snel antwoord krijgen op verschillende problemen die zich in een zakelijke situatie voordoen. U leert van de ervaringen van anderen welke valkuilen vermeden moeten worden.

Deelnemen aan een teleseminar waar de spreker niet boeiend is en jargon gebruikt tijdens het gesprek is een van de belangrijkste minpunten.

Hoofdstuk 11: Marketingstrategieën die u in een recessie kunt toepassen.

De recessie is nu "aangekomen" Hoe voelen kleinere bedrijven zich omdat grote retailers zoals Walmart, Target en anderen het moeilijk hebben gehad? Het is begrijpelijk dat ondernemers zich momenteel zorgen maken, dus welke stappen moeten zij nemen om niet alleen te overleven maar ook te groeien in de huidige economische neergang?

Terwijl de media blijven berichten over de benarde toestand van bedrijven, kan ik niet anders dan denken: de recessie is het ideale moment om te overleven en te gedijen.

Het is noch een "probleem" noch een "ramp" maar eerder een kans.

Daarom moet u als bedrijfseigenaar of ondernemer begrijpen welke stappen u moet nemen om ervoor te zorgen dat u van deze mogelijkheid profiteert.

Eenvoudig. VERSTERK uw banden met uw klanten of consumenten.

Dit is geen raketwetenschap, maar veel bedrijven doen het niet of slecht!

Het ontwikkelen van langdurige relaties met uw consumenten of klanten door middel van consistente communicatie zal uw bedrijf en uw inkomsten aanzienlijk beïnvloeden. Overweeg hoe u van elke transactie een heerlijke en gedenkwaardige ervaring kunt maken, waarbij u uw consument of klant verschillende koopopties en nieuwe technieken kunt bieden om hen te helpen beslissen bij u te kopen.

Dit wil niet zeggen dat niemand dit al doet, maar veel bedrijven zijn niet klantgericht.

Zo was een van mijn eerste bedrijven een eenvoudige, op een website gebaseerde wederverkoper waar klanten dingen konden kopen en bestellen. Een leverancier in het back-end zou dan automatisch hun bestelling verwerken en alles afhandelen.

Ik hield contact met mijn klanten via e-mail autoresponders. Het hele proces verliep zonder enige tussenkomst van mij, maar wat het meeste verschil maakte in het verhogen van de verkoop en de omzet was wanneer ik al mijn klanten telefonisch bedankte voor hun bestellingen.

Ik belde dan nog één keer om te bevestigen dat de klant tevreden was met de geleverde goederen. Deze eenvoudige, korte telefoontjes uit beleefdheid maakten een onmiddellijke indruk op de consumenten en verhoogden hun levenslange waarde voor mij onmiddellijk.

Een paar minuten de tijd nemen om elke klant te bellen was een klein detail dat ik toevoegde aan een reeds effectief klantenkoopproces, maar proactief zijn.

De leiding nemen heeft mijn bedrijf sterk beïnvloed en heeft me geholpen me te onderscheiden van de concurrentie.

Mensen hebben me verteld dat het niet de moeite waard is om dit te doen, maar echt? Is het niet de moeite waard om iemand te bellen die je een aanzienlijk bedrag heeft betaald om dankbaarheid uit te drukken? Zelfs als deze techniek een andere 1%, 5% of 10% van de verkoop genereert van terugkerende consumenten, moet het de moeite waard zijn. 10 manieren om de verkoop op peil te houden en uw bedrijf uit te breiden

Hier zijn een paar marketingmethoden die u onmiddellijk kunt implementeren om uw bedrijf te beschermen tegen de recessie.

1. Communiceer vaak met uw huidige klantenbestand. Om een zakelijke band te laten bloeien, moet er voortdurend worden gecommuniceerd.

U kunt niet verwachten dat u intieme relaties opbouwt met mensen met weinig interactie. Uw beste vrienden zijn uw beste vrienden omdat u het meest met hen communiceert; zakelijk is dat niet anders.

Het is essentieel om een relatie met uw klanten op te bouwen door middel van consistente communicatie. Help hen, zorg dat ze zich belangrijk voelen, zorg voor hun behoeften en doe uw uiterste best om aan hun eisen te voldoen.

Als u dat doet, zullen zij vanzelf zaken met u doen.

Klanten moeten centraal staan in uw verkoopberichten.

Door bij te houden en te analyseren wat uw klanten kopen, kunt u uw communicatie afstemmen op hun behoeften en voorkeuren.

Amazon is een ideaal voorbeeld van een klantgericht bedrijf. Wanneer u een boek koopt, krijgt u andere boeken te zien die eerdere kopers van het boek ook hebben gekocht, en ik durf te gokken dat u soms meer boeken hebt gekocht dan u had verwacht.

2. Verhoog uw marketingeffectiviteit om nieuwe klanten aan te trekken; Hoe komt u in contact met uw doelgroep? Bestaan er andere kanalen via welke u potentiële klanten zou kunnen bereiken? Er zijn mogelijkheden; identificeer ze gewoon en kapitaliseer ze.

Als u ontdekt dat één aspect van uw marketingaanpak effectiever is dan de andere, zoals wanneer u een advertentie in de krant plaatst, richt u dan op het maximaliseren van de effectiviteit van dit aspect. Gebruik dit voordeel om nieuwe klanten te krijgen.

3. Ontwikkel samenwerkingsverbanden. Deze strategie is betaalbaar en kan snel resultaat opleveren voor uw bedrijf. Velen zijn enorm gegroeid door gastheer-ontvanger overeenkomsten met ondernemingen in diverse regio's.

4. Vraag referenties van uw klanten. Verwijzingen leveren verkoop op, een zeer effectieve methode die veel bedrijven niet toepassen.

Op een bepaald moment in uw relatie met de klant, biedt hen iets van waarde aan wanneer zij een collega of vriend doorverwijzen. Misschien een cadeautje? Misschien een geldelijke korting?

U hoeft niet bezorgd te zijn over het vragen om verwijzingen; zolang u weet dat uw klanten inderdaad tevreden zijn over uw diensten, zullen zij meer dan bereid zijn u aan te bevelen. Het is nooit een probleem om hun mening te vragen, want ze zullen zich vereerd voelen dat u hun mening waardeert.

Dus hoe vraag je het? Eenvoudig. Informeer hen dat u uitbreidt en andere bedrijven kunt ontvangen. Voordat u adverteert voor nieuwe consumenten, heeft u uw beschikbaarheid aangeboden aan de vrienden en collega's van uw huidige klantenkring als een hoffelijkheid.

Instrueer ze vervolgens om contact met u op te nemen als ze iemand kennen die zou profiteren van uw hoge niveau van dienstverlening en persoonlijke aandacht. Als een gebaar van waardering voor hun aanbeveling, bied hen een incentive aan waaruit blijkt hoeveel u hen respecteert.

Organiseer een exclusief evenement dat van belang is voor uw doelgroep en waar zij onmiddellijk de waarde van zullen inzien.

Ongeacht het type bedrijf zijn er talloze mogelijkheden om een speciaal evenement te plannen om nieuwe consumenten aan te trekken.

Als het bedrijf een product heeft dat kan worden gedemonstreerd, moet het worden getoond. Zo niet, stel het dan beschikbaar voor bezichtiging. Als iets testbaar is, laat prospects het dan ervaren.

U vergist zich als u denkt dat het organiseren van een evenement voor uw bedrijf onmogelijk is. U moet een vooruitziende blik hebben en een origineel concept ontwikkelen om uw bedrijf op een evenement te promoten. Ontwikkel uw fantasie en tover iets tevoorschijn dat de prospect boeiend en waardevol zal vinden.

5. Zorg voor mailinglijsten met gekwalificeerde leads: U kunt snel een klantenbestand aanleggen en de verkoop verhogen als u toegang hebt tot gerichte prospects.

Een van mijn klanten is bijvoorbeeld een natuurgeneeskundig therapeut. Ik droeg haar op een bericht te sturen naar een mailinglijst van "hot prospects" die in het voorgaande jaar soortgelijke behandelingen hadden gekocht. In de brief nodigde ze hen uit voor een gratis avond waarop ze de verschillende behandelingen konden uitproberen.

Vervolgens kreeg elke deelnemer een voucher voor een sessie met korting en een gratis behandeling van 10 minuten. Ze konden deze korting onmiddellijk na de gratis sessie gebruiken, of ze konden een afspraak maken voor een latere datum. Ze reageerden positief, en een aanzienlijk percentage van hen werd vaste klant bij mijn cliënt.

6. Bied uw consumenten verschillende betalingsmethoden aan: Het zal uw klanten in staat stellen hun financiën te beheren door hen in staat te stellen te betalen over een vooraf bepaald aantal weken of maanden. U kunt een toename van de respons op deze betalingsvoorwaarden verwachten voor dure tickets. Het is ook een methode om terugkerende betalingen te ontvangen.

7. Neem het gevaar weg door een "terugkoopgarantie" aan te bieden; Wanneer consumenten hun zuurverdiende geld uitgeven, vooral in aanzienlijke bedragen, vrezen zij het te verliezen, vooral in de huidige economische context.

Daarom moet u hun zorg verminderen door een geld-terug-garantie te bieden.

8. Test. Test. Test. Test opnieuw. Test nog wat meer. En had ik het al over testen?

Veel organisaties voeren hun marketinginitiatieven uit onder de valse indruk dat ze weten wat ze doen, terwijl ze geen idee hebben. Ze kunnen honderden of duizenden ponden uitgeven aan marketing, maar het is moeilijk te bepalen wat werkt en wat niet, als ze de gevolgen van elke beweging niet volgen en testen.

Elk bedrijf zou de doeltreffendheid van elk aspect van zijn marketingcampagne moeten onderzoeken, met inbegrip van krantenkoppen, pamfletten, speciale aanbiedingen, betalingskeuzes en garanties.

Testen zal de prestaties van uw bedrijf optimaliseren. Klanten zullen u laten weten of iets effectief is of niet op basis van hun reactie.

Hoofdstuk 12: Verplichtingen omzetten in activa.

11 maanden na de vorige recessie, toen deze eindelijk werd erkend, veranderden veel bedrijven en personen hun focus van uitbreiding naar overleven. Dit was een noodzakelijke verandering, maar ging veel verder dan wat nodig was om te slagen in deze moeilijke tijden.

Elk bedrijf en elk individu had zich intensief moeten concentreren op drastische en radicale hervormingen om hun overleving voor de komende één tot drie jaar te verzekeren en tegelijkertijd hun organisatorische, persoonlijke en familiale bedrijfsmodellen te herdefiniëren!

U zult beter af zijn naarmate u de veronderstelling laat varen dat de wereld uiteindelijk weer (de vroegere) normaal zal worden. De wereld ondergaat een diepgaande transformatie, en uw manier van leven ook.

Door door hebzucht gecorrumpeerde individuen kunnen we er niet langer op vertrouwen dat onze bazen winstgevende bedrijven leiden die op korte en lange termijn waarde aan de markt leveren zonder flagrant slechte beslissingen te nemen.

We kunnen er ook niet meer op vertrouwen dat onze buren binnen hun mogelijkheden leven zonder toe te geven aan de hebzucht en het recht dat hen tot executie dwingt en een verwoestend effect heeft op de waarde van onze buurten. In deze wanordelijke en onstabiele economie kunnen we er niet op rekenen dat een dag arbeid voldoende geld oplevert om de kosten van een comfortabele levensstijl te dragen.

Nu het banenverlies begin 2009 blijft toenemen en de werkloosheid op het hoogste punt in 25 jaar staat, is het duidelijk dat de wereld op zijn kop staat. Volgens recente cijfers zijn er in de eerste drie maanden van 2009 2 miljoen banen verloren gegaan en zijn er sinds 2008 5,1 miljoen banen verloren gegaan.

Dus wat zullen we doen?

We moeten de financiële kennis die Robert Kiyosaki's Rich Dad serie de afgelopen twaalf jaar heeft gepromoot, volledig omarmen. Maar dan wel op nieuwe manieren. Om ons vermogen te verbeteren is het niet voldoende om spelletjes te spelen met onroerend goed en beleggingsportefeuilles; de huidige economische neergang heeft zelfs deze beschadigd.

Het is niet voldoende om alleen na te denken over hoe we inkomsten creëren enerzijds en hoe we geld uitgeven anderzijds. Ja, een activum is iets dat geld in onze zakken stopt, en een passivum is iets dat geld uit onze zakken haalt.

Wij leven echter niet meer in het industriële tijdperk waarin activa en passiva volledig gescheiden entiteiten voor de balans zijn. In het tijdperk van kennis en informatie kunnen wij vele strategieën ontdekken of creëren om onze activa uit te breiden, onze uitgaven te beperken en, het belangrijkste, onze passiva om te zetten in activa.

Dit is een fundamentele verandering die nodig is om in moeilijke tijden te overleven. In plaats van alleen uw inkomstengenererende mogelijkheden te maximaliseren en uw uitgaven in deze moeilijke tijden te beperken, moet u nagaan hoe u uw uitgaven kunt omzetten in inkomstengenererende mogelijkheden.

Hoofdstuk 13: Tegenstrijdige verkooprichtlijnen tijdens een recessie.

Wanneer de bezorgdheid over een verslechterende economie de ether ingaat, is de eerste reactie actie. De typische reactie van bedrijven is zich in te krimpen. Het plan is zich te verstoppen tot de recessie voorbij is, hoe lang dat ook mag duren.

Bedrijven die de contra-intuïtieve aanpak volgen om agressief op koers te blijven en meer te verkopen, niet minder, zullen ontdekken dat het concurrentielandschap voornamelijk verstoken is van de traditionele boosdoeners.

De verkoopmentaliteit tijdens een recessie is identiek aan die in de zomer. Omdat verkopers denken dat iedereen op vakantie is, bellen ze niet.

Evenzo denken ze dat niemand koopt tijdens een recessie en voeren ze geen verkoopgesprekken. Zij die wel bellen, verdienen omzet.

Om verkoop recessiebestendig te maken is een contra-intuïtieve mentaliteit nodig.

Uw gedachten vertellen u misschien dat u moet vluchten, maar als u de moed hebt om in deze periode vooruit te gaan, zult u merken dat u een grotere kans hebt om verkoop te genereren.

Hier zijn vijf aanbevelingen om een economische crisis te overleven en misschien te gedijen:

Verkoop en marketing regel: Een recessie is een tijd om uw verkoop- en marketingvaardigheden te testen. Het idee is om door te gaan met wat u weet dat effectief is.

Investeer in leren: Wie volledige kennis heeft, heeft niets te leren. Het is een fantastisch moment om tijdens een recessie een frisse blik te werpen. Hoe kunt u verbeteringen aanbrengen? Slimmere klantenservice?

Waag de gok: Waarom niet kiezen voor goud? Dit is het moment om moedig te zijn en die grote accounts na te jagen die u tijdens een hausse nooit zou aanspreken. U kunt nooit voorspellen wat er kan gebeuren. Er zal waarschijnlijk niet veel concurrentie zijn.

Boor dieper: Wanneer klanten floreren en u bijdraagt aan hun succes, zoek dan naar meer mogelijkheden om meer bij te dragen. Denk creatief en heb meer plezier; probeer frisse ideeën uit.

Accepteer verandering; De meeste bedrijven accepteren het uitgangspunt van de Grote Slechte Recessie; voor ze het weten is de wolf bij oma! Omarm deze tijd, en u zult het beter doen dan verwacht tijdens de recessie.
Als u uw huidige koers aanhoudt, gaat u zelfs nog verder vooruit. Tijdens een recessie is het beter om je te onderscheiden van de massa.

Hoofdstuk 14: Hoe location-based marketing uw bedrijf kan helpen de recessive te overleven.

De recessie heeft de detailhandel en de horeca de afgelopen jaren bijzonder hard getroffen. De economie was de afgelopen jaren buitengewoon moeilijk voor kleine bedrijven. Alleen bedrijven die slank konden blijven en hun klanten konden behouden, hebben het overleefd.

Het segment van de quick casual restaurants is een voorbeeld van zulke behendige bedrijven. Dit segment heeft de recessie overleefd en floreerde dankzij het leveren van waarde voor klanten en een meer vloeiende en compacte bedrijfsstrategie dan de typische casual dining.

Welke tactieken kunnen bedrijven toepassen om in moeilijke economische tijden overeind te blijven? Locatiegebonden marketing, of "LBM", is een van de goedkoopste en eenvoudigste tactieken.

Locatiegebonden marketing is een uitstekende strategie voor klantenwerving die uw bedrijf kan helpen gedijen in deze moeilijke economische tijden. Er zijn een paar fundamentele manieren waarop LBM u kan helpen bloeien in een recessie.

Nu de economie in het slop zit, zoekt het winkelend publiek naar aanbiedingen en methoden om geld te besparen. Location-based marketing deals zijn een uitstekende methode om uw klanten echte waarde te bieden. LBM stelt u in staat klanten te werven tijdens economische recessies door uw klanten relevante specials en kortingen aan te bieden. Terwijl uw concurrenten zaken verliezen, kunt u die winnen.

In een uitdagende economie kunt u locatiegebonden marketing ook gebruiken om uw bedrijf te onderscheiden. Terwijl uw concurrenten met de dag consumenten verliezen, kunt u LBMmethodes gebruiken om de klantentrouw te vergroten en uw klanten stimulansen te bieden.

In uitdagende economische omstandigheden is het behouden van uw kernconsumenten essentieel om te overleven. Locatiegebonden marketing is dé methode om trouwe klanten te belonen en te behouden. De levenslange waarde van toegewijde consumenten houdt veel bedrijven overeind, vooral tijdens een recessie.

Locatiegebonden marketinginitiatieven zijn ook gratis op te zetten en goedkoop te onderhouden, waardoor ze een ideaal hulpmiddel zijn voor bedrijven die op zoek zijn naar kosteneffectieve strategieën om hun consumentenbestand tijdens een recessie te vergroten.

Hoofdstuk 15: Evalueer uw marketingstrategie tijdens een recessie.

Aangezien marketing een directe manier kan zijn om kosten te besparen, zou uw eerste reactie op de gevolgen van een recessie voor uw bedrijf kunnen zijn om het te schrappen. Marketing is echter essentieel tijdens een recessie. Marketing kan in deze periode kritischer zijn dan op andere momenten.

Zodra u erkent dat de recessie uw bedrijf treft of zodra u dit Hoofdstuk leest als u de gevolgen al ondervindt, moet u uw marketingaanpak evalueren. U hoeft het niet te elimineren. Toch zult u bepaalde wijzigingen moeten aanbrengen. Overweeg de volgende vragen om uw plan te herzien en ten goede te veranderen.

Begrijp ik mijn klanten?

Te veel ondernemers richten zich uitsluitend op de artikelen en diensten die volgens hen succesvol zullen zijn. Die zijn irrelevant als de trends geen betrekking hebben op uw klantenbestand. In plaats van u zorgen te maken over wat u verteld is dat de meeste winst moet opleveren, analyseert u uw klanten.

Loyale klanten behouden is een van de beste manieren om een recessie te overleven. Als u moeite doet om ervoor te zorgen dat de producten of diensten die u aanbiedt zijn wat uw klanten wensen of nodig hebben, kan dat lonen. Dit is essentieel in elk marketingplan, want u moet ervoor zorgen dat u werkelijk verkoopbare producten aanbiedt aan de consument.

Investeer ik veel of te weinig in marketing?

U moet op bepaalde gebieden bezuinigen, maar toch voldoende investeren in marketing. Het doel is om geld slim te besteden.

Verspil ik geld aan marketing?

Besteed tijd aan de juiste doelgroep. Veel mensen besteden een aanzienlijke hoeveelheid geld aan algemene marketingstrategieën. In tijden van recessie zult u echter uw marketinggeld willen toewijzen aan echte klantprospects wanneer elke dollar telt.

Prijs ik voor winst of om te verkopen?

U wilt geld verdienen, maar moet een aantal zaken onder ogen zien. Veel mensen verminderen hun uitgaven. Om inkomsten te blijven genereren, moet u misschien uw prijzen aanpassen. U kunt het beste een evenwicht vinden tussen verkopen en geld verdienen.

Uw marketingplan evalueren door uzelf een paar vragen te stellen is eenvoudig. Zodra u de antwoorden op deze vragen hebt, kunt u de nodige aanpassingen doen om ervoor te zorgen dat uw bedrijf de economische malaise overleeft en bloeit.

Hoofdstuk 16: Verbeter de waarde van uw baan tijdens een recessie.

Tijdens een recessie zullen zelfs traditioneel op werknemers gerichte organisaties hun aandacht moeten verleggen van het creëren van een fantastische werkplek naar het vinden van manieren om hun budgetten te verlagen en toch concurrerend te blijven op de markt en consumenten aan te trekken die anders hun geld elders zouden uitgeven. Dit zal hun hoogste prioriteit zijn!

Omdat geld besparen en tegelijkertijd geld blijven verdienen essentieel is voor het voortbestaan van het bedrijf (en omdat dit zo moeilijk kan zijn in een economie die gedijt op het idee dat je geld moet uitgeven om geld te verdienen), zal elke werknemer die hen kan helpen bij het bereiken van dit doel onmiddellijk een van de meest waardevolle activa van het bedrijf worden.

Werknemers die een bedrijf vooruit kunnen helpen met behoud van winstgevendheid zullen uiterst waardevol zijn in de ogen van bedrijfsleiders. U kunt er zeker van zijn dat deze personen niet naar werk zullen zoeken! Tijdens een recessie gooi je geen activa weg die een tastbaar rendement opleveren.

Kunt u geen creatieve manieren bedenken om uw bedrijf te helpen de kosten te verlagen? Hier zijn een paar suggesties om mee te beginnen:

Verminder het aantal kantoormaterialen. Het zal u verbazen hoeveel de gemiddelde werkplek maandelijks uitgeeft aan potloden, papier en mappen.

Zoek een strategie om de productiekosten te verlagen zonder aan kwaliteit in te boeten.

Als u een techniek kunt vinden om de kosten van het verzenden van uw artikelen te verlagen, wordt u meteen een held in uw bedrijf! De stijging van de olieprijs (en bijgevolg van de benzineprijs) heeft geleid tot een belachelijke stijging van de transportkosten van goederen, wat bedrijven op hun beurt heeft gedwongen de prijs van hun goederen te verhogen, wat op zijn beurt leidt tot het verlies van zaken in de slappe economie, aangezien klanten klagen over de prijsstijging en hun zaken elders onderbrengen.

Nieuwe voordelen voor werknemers Bedrijven die hun werknemers geen voordelen bieden, houden ze meestal niet lang vast. Zelfs de meest onverschillige bedrijven organiseren gewoonlijk een kerstfeest of een ander jaarlijks evenement voor de werknemers die hun bedrijf draaiende houden en een regelmatige toevoer van prikkels gedurende het jaar om het moreel op te krikken en een betere productiviteit te bevorderen.

Als u kunt komen met een regelmatige stroom van prikkels voor werknemers (en klanten) waarvoor het bedrijf minder geld hoeft uit te geven, bent u goed op weg om een onmisbaar teamlid te worden.

Hoofdstuk 17: Gebruik de kracht van SEO diensten.

De economische recessie heeft vele bedrijfstakken getroffen, met als gevolg massale werkloosheid, herstructurering van bedrijven ter bevordering van multitasking op vele afdelingen, aanzienlijke verliezen van bedrijven op investeringen, en vele andere factoren die kunnen leiden tot de sluiting of zelfs het faillissement van een bedrijf.

Veel bedrijven hebben hun toevlucht genomen tot bezuinigingsmaatregelen die verschillende essentiële afdelingen treffen, waaronder de marketingafdeling. Hoe kunt u slagen in een concurrerende bedrijfstak als u een beperkt marketing- en reclamebudget hebt?

Kunt u uw bedrijf tijdens een recessie in stand houden en laten groeien? Dit is mogelijk door het gebruik van SEO diensten.

Waarom internet? Ondernemers zijn gewend aan traditionele vormen van reclame, zoals televisie, radio en gedrukte media.

Echter, als gevolg van de huidige recessie, is de financiering voor tri-media promoties verminderd, wat de marketing activiteiten van het bedrijf zou kunnen schaden. In reactie hierop kan een bedrijf het internet gebruiken voor winstgenererende doeleinden die verder gaan dan e-mail en eenvoudig surfen op het web.

Het internet is een medium dat een bedrijf kan introduceren bij een wereldwijd publiek. Vergelijkbaar met tri-media, die zich richt op een massapubliek zonder demografische kenmerken aan te pakken, kan internet marketing een meer substantiële aanwezigheid op de markt krijgen door middel van niche marketing of daadwerkelijke respons van het directe publiek van het product.

SEO-diensten zijn een soort online marketing die kan worden gebruikt als antwoord op de verminderde reclamebudgetten van de recessie.

Zoekmachine optimalisatie is een methode voor het verhogen van websiteverkeer via organische zoekresultaten; organisch zoeken is het proces van het aantrekken van websitebezoekers via de resultatenpagina's van zoekmachines. Zoekmachines zijn onder meer Google en Yahoo.

Deze activiteit trekt mensen aan die producten of diensten kunnen kopen, waardoor hun bezoek winst oplevert. Hoewel dit niet kan zorgen voor daadwerkelijke winst, kunnen SEO-diensten een rendement op investering genereren, wat essentieel is in het huidige economische klimaat.

Bij het selecteren van een SEO-dienstverlener zijn enkele variabelen: kennis van de nichemarkt waarop u zich richt, eerlijkheid, betrouwbaarheid en werkethiek.

Sommigen kunnen het nut van werkethiek op het web betwisten. Toch is het, aangezien wij rechtstreeks in contact staan met de eindgebruikers van het product, essentieel om dezelfde merkwaarde en bekendheid te behouden als bij tri-media. Dit geldt ook voor de online promotietactieken die voor de website worden gebruikt.

White hat SEO-strategieën zijn op de lange termijn veiliger en productiever gebleken dan black hat SEO-technieken, die ertoe kunnen leiden dat een website als spam wordt aangemerkt en een penalty krijgt van zoekmachines.

Recessie wordt gekenmerkt door werkloosheid, weinig winstgevendheid, herverdeling van middelen, enz. Toch mogen marketinginspanningen niet worden opgeofferd. SEO-diensten zijn een uitstekende optie om een aanwezigheid op het web en bij consumenten te vestigen.

Hoofdstuk 18: Alternatieven voor snijden en terugtrekken tijdens deze aanhoudende recessie.

Het instinct van bedrijfsleiders tijdens een recessie is om personeel en programma's in te krimpen en te reorganiseren. Dagelijkse voorbeelden zijn banken, technologiebedrijven, bouwbedrijven, handelaars en zelfs zogenaamde groeisectoren zoals gezondheidszorg en duurzaamheid. Veel middelgrote en kleine bedrijven komen nooit in het nieuws. Tijdens de huidige economische neergang zijn er alternatieven voor inkrimpingen en bezuinigingen.

Strategie.

Een uitgebreid strategisch plan is de basis voor succes in zowel goede als slechte tijden. Onderzoek de strategie van uw bedrijf. Is het zinvol? Kan het worden uitgevoerd? Is deze te idealistisch? Hoe richt het zich tot uw markten en de kerncompetenties van uw bedrijf?

Uitvoering.

Zonder uitvoering zijn zelfs de beste strategische en bedrijfsplannen niets. Beschikt u over maatstaven of metingen om het succes te toetsen aan financiële EN operationele doelstellingen? Welke zijn succesvol en welke niet? Waarom? Wie is verantwoordelijk? En wat wordt er gedaan om de tekortkomingen te verhelpen?

Klanten.

In tijden van economische neergang lijken bedrijven van elke omvang bereid de klanten, die de rekeningen betalen, op de laatste plaats te zetten. Nee! Dit is het moment om de inspanningen van uw bedrijf op het gebied van klanttevredenheid opnieuw te evalueren. Uw klanten hebben opties, ongeacht de sector, het product of de dienst. Neem de nodige maatregelen om van uw bedrijf hun EERSTE optie te maken. Vraag hen hoe u presteert en wat er gedaan kan worden om te verbeteren.

Kosten.

Bedrijven staan klaar om hun uitgaven en personeel te verminderen wanneer de economie zwak is. Dit is zo eenvoudig dat een kind met een limonadekraam het zou kunnen doen, maar dat is vaak NIET de juiste reactie. Onderzoek waar de middelen in eerste instantie worden ingezet.

Houd uw overheadkosten laag. Het grootste deel van uw middelen moet worden besteed aan het genereren van inkomsten en klanttevredenheid. Als dit een herschikking en omscholing vereist, moet dat gebeuren. Ten tweede moeten aannemers en consultants worden ontslagen voordat er werknemers worden ontslagen.

Ook moeten eerst de salarissen en bonussen aan de top van de organisatie worden verlaagd. De belangrijkste verlagingen moeten worden doorgevoerd bij de hoogste leidinggevenden van het bedrijf, niet bij de bedienden en verkopers die met de klant te maken hebben.

Vraag ten slotte om feedback; werknemers op de werkvloer en in de backoffice weten doorgaans waar de grootste kansen voor ECHTE efficiëntie liggen. Vraag om hun inbreng, voer hun suggesties uit en erken hun bijdragen.

Snelheid.

Het verbaast me te lezen over de snelle mobilisatie van middelen aan het Amerikaanse thuisfront tijdens de Tweede Wereldoorlog. In verbazingwekkend korte tijd schakelden fabrieken over van de productie van auto's en koelkasten naar de productie van tanks en vliegtuigen in enorme hoeveelheden. Dit gebeurde vóór computers, zoals we die nu kennen. Dus waarom duurt alles tegenwoordig (behalve waarschijnlijk het Internet) zo lang?

Onderzoek de benodigde tijd in uw organisatie en verminder deze met 25 tot 50 procent met behoud of verbetering van de kwaliteit. In plaats van maanden wordt de tijd die nodig is om nieuwe producten en diensten te ontwikkelen soms gemeten in jaren. Het is haalbaar, en dit is een concurrentievoordeel.

Innovatie.

De BESTE tijd voor innovatie en het nemen van risico's is wanneer de economie een uitdaging vormt. In magere tijden is het logisch dat bedrijven, ongeacht hun omvang, minder risico's nemen. Dit omvat unieke concepten voor producten, diensten, marketing en bedrijfsvoering.

In tegenstelling tot de meeste organisaties onderscheiden degenen die risico's nemen en innovatie bevorderen zich van de concurrentie. Bovendien moet innovatie alle onderdelen van een bedrijf omvatten, niet alleen onderzoek en ontwikkeling of marketing.

Een neergang, een recessie of een zwakke economie boezemt de meeste bedrijfsprofessionals op alle niveaus angst in. Zelfs wanneer het geld krapper wordt en de marktkansen afnemen, zijn er winnaars en verliezers in gezonde en zwakke economieën.

Door zich te concentreren op strategie, uitvoering, klanten, kosten en uitgaven, snelheid en innovatie kan elk bedrijf, ongeacht zijn omvang, markt of bedrijfstak, als winnaar uit de huidige economische neergang komen.

Conclusie.

Het huidige economische klimaat is somber voor zowel particulieren als bedrijven. Mensen trekken de financiële broekriem aan omdat de economie blijft worstelen. Eens beschouwd als een anomalie, wordt soberheid nu gedragen als een teken van eer.

De uitdrukking "cash is koning" is zeer terecht. Een voldoende kasstroom voor uw bedrijf aanhouden is noodzakelijk geworden tijdens de huidige economische neergang, vooral gezien de uitgeputte kredietmarkten.

Het is haalbaar voor bedrijven om tijdens een recessie te overleven, zoals blijkt uit het succes van Google, IBM, PayPal en FedEx in het verleden. Zelfs als uw bedrijf niet vergelijkbaar is met dat van hen, zijn er enkele dingen die u kunt doen - die zij hebben gedaan - om uw bedrijf te verbeteren. U kunt verdere stappen ondernemen om ervoor te zorgen dat uw bedrijf meer doet dan alleen de huidige economische neergang overleven. Hier volgen enkele voorbeelden:

Lever vijfsterren klantenservice. Zelfs in moeilijke economische tijden weigeren bedrijven de klantenservice te verminderen. Klantenservice is de "eerste lijn" van uw verdediging - een uitstekende klantenservice leidt tot tevreden consumenten. Klanten die graag geld uitgeven genereren inkomsten. Bovendien kan een uitstekende klantenservice u onderscheiden van uw concurrenten, wat in deze tijden essentieel is.

Hoewel het een perfect moment is om de doeltreffendheid van uw marketingkanalen te onderzoeken en te bepalen wie uw belangrijkste klanten zijn, brengt een verlaging van uw marketingbudget u in het nadeel. Veel concurrenten zullen hun inspanningen concentreren, waardoor ze gemotiveerd zijn om uw bedrijf agressief te promoten.

Heronderhandel huurcontracten en contracten. Dit is het ideale moment om uw servicecontracten, leveranciersovereenkomsten en leasecontracten onder de loep te nemen. Als u gebonden bent aan een langlopend huurcontract, onderhandel dan met uw verhuurder over een huurverlaging. Dit is succesvol als uw verhuurder een hoge bezettingsgraad wil handhaven en weet dat u andere opties hebt.

Een heronderhandeling van het huurcontract kan vaak resulteren in een tariefsverlaging van 5 tot 50 procent. Ook leveranciers kunnen bereid zijn opnieuw te onderhandelen over overeenkomsten. De meeste bedrijven erkennen dat het beter is wat zaken te doen dan niets. Bovendien kan vragen nooit kwaad.

Blijf producten en diensten ontwikkelen die uw klanten aanspreken. Succesvolle bedrijven zijn bedrijven die blijven innoveren. Je kunt geloven dat dat in ons vakgebied vrij moeilijk is, ervan uitgaande dat je het wiel maar zo vaak opnieuw kunt uitvinden.

In dit scenario houdt innovatie echter niet noodzakelijkerwijs de creatie van nieuwe producten of diensten in. Het gaat om het ontwikkelen van inventieve oplossingen om aan de huidige vraag te voldoen of om een eis of probleem van de klant aan te pakken.

Het kan gaan om samenwerking met mensen bij nieuwe projecten of zelfs het helpen van een leverancier, waardoor uw onderhandelingspositie wordt versterkt. Eenvoudig gezegd: wees vindingrijk en beperk de mogelijkheden niet.

Managementvaardigheden voor managers.

1. Tijdmanagement voor managers
2. Werknemerscoaching voor managers
3. Teambuilding voor managers
4. Zelfvertrouwen voor managers
5. Onderhandelingsvaardigheden voor managers
6. Klantenservice vaardigheden voor managers
7. Assertiviteit voor managers
8. Zakelijke etiquette voor managers
9. Luistervaardigheden voor managers
10. Leiderschapsvaardigheden voor managers
11. Communicatievaardigheden voor managers
12. Presentatievaardigheden voor managers
13. Stressbeheersing voor managers
14. Besluitvorming voor managers
15. Conflictbeheersing voor managers.

Serie: Financiële vrijheid op elke leeftijd.

- Financiële vrijheid bereiken in de 20
- Financiële vrijheid bereiken in de 30
- Financiële Vrijheid bereiken in uw 40er jaren
- Het bereiken van financiële vrijheid in uw 50er jaren
- Het bereiken van financiële vrijheid in uw jaren 60
- Het bereiken van financiële vrijheid in uw 70er jaren en daarna.
- Het bereiken van financiële vrijheid bij kinderen
- Het bereiken van financiële vrijheid bij tieners
- Financiële Vrijheid bereiken bij studenten.
- Financiële oplichting om op te letten bij pensionering.

Serie: Persoonlijke financiën voor jou.
- ➢ Crypto kopen en verkopen voor beginners
- ➢ Waarom beleggen in dividendaandelen zinvol is.

Serie: Rijkdom 2022.

- ➢ Online ondernemen.
- ➢ Uw eigen bedrijf starten
- ➢ Vermogensbeheer
- ➢ Passief inkomen.
- ➢ 12 stappen om een eigen bedrijf te starten.

Serie: Uitstekende klantenservice.
- ➢ Uitstekende klantenservice in de detailhandel
- ➢ Uitstekende klantenservice in fastfood
- ➢ Uitstekende klantenservice in full-service restaurants
- ➢ Uitstekende klantenservice in het onderwijs
- ➢ Uitstekende klantenservice in onroerend goed.
- ➢ Uitstekende klantenservice in een callcenter
- ➢ Uitstekende klantenservice als receptionist
- ➢ Uitstekende klantenservice in een hotel
- ➢ Uitstekende klantenservice in de verkoop.
- ➢ Uitstekende klantenservice, ongeacht de situatie.

- Uitstekende klantenservice bij de tandarts
- Uitstekende klantenservice in een medisch kantoor.

Serie: Snel geld.

- Snel geld in een week
- Snel geld verdienen in een weekend
- Snel geld in een maand
- Snel geld voor studenten.

Serie: Hoe promoten.

- Hoe uw bedrijf te laten floreren tijdens een recessie
- Hoe uw receptenboek promoten
- Hoe uw kinderboek promoten.

Auteur Bio

D.K. Hawkins. D.K. leest graag persoonlijke zakelijke boeken en brengt graag tijd buiten door. Meer boeken zullen komen in deze collectie, dus volg op Amazon voor meer boeken.

Dank u voor uw aankoop van dit boek.

Ik stel het echt op prijs en waardeer u, mijn uitstekende klant.

God zegene U.

D.K. Hawkins.

www.ingramcontent.com/pod-product-compliance
Lightning Source LLC
Chambersburg PA
CBHW050011230526
45465CB00003BB/1374